Otfrie[d Höffe]

DER[ECHO]
INTERCU[LTURAL]

Colección
ESTUDIOS ALEMANES

DERECHO
INTERCULTURAL

Otfried Höffe

Traducción
Rafael Sevilla

gedisa
editorial

Colección dirigida por Ernesto Garzón Valdés

Traducción: Rafael Sevilla

Diseño de cubierta: Enrique Guelar

Primera edición: noviembre de 2000, Barcelona

Derechos reservados para todas las ediciones en castellano

© Editora Gedisa, S. A.
Paseo Bonanova, 9, 1º, 1ª
Tel. 93 253 09 04
Fax 93 253 09 05
08022 Barcelona, España
correo electrónico: gedisa@gedisa.com
http://www.gedisa.com

ISBN: 84-7432-842-X
Depósito legal: B. 46869-2000

Impreso en Romanyà Valls
Verdaguer, 1 – 08786 Capellades (Barcelona)

Impreso en España
Printed in Spain

Índice

Prólogo

La globalización de nuestras condiciones sociales ya la podemos percibir también en el ámbito del derecho penal. Pese a que hasta hoy el derecho penal es casi exclusivamente incumbencia de cada Estado en particular, hace tiempo que la internacionalización se hace sentir en su práctica. El terrorismo o el contrabando de armas, el narcotráfico al por mayor o el tráfico de personas distan mucho de competer únicamente a ámbitos circunscritos por las fronteras de un Estado. Así por ejemplo, en los medios de comunicación podemos encontrar la noticia de un delito económico cometido en Singapur por un delincuente que es detenido en Francfort, y luego condenado en Gran Bretaña; o el caso de un turista turco que, de paso a Escandinavia, entra en conflicto con las leyes alemanas de tráfico.

La reflexión filosófica no está en absoluto reñida con la consideración de casos particulares. En este sentido citaré en el curso de la exposición algunos ejemplos y analizaré detalladamente un caso. Mi tarea, sin embargo, no va encaminada a llegar a una solución modelo –los filósofos no son en absoluto jueces supremos–, sino que apunta a la discusión de criterios y principios generales: ¿existe un derecho penal igualmente válido para la gente de color negro y la de color blanco, para judíos, cristianos, mahometanos y budistas, para corredores de bolsa y cultivadores de arroz, para los soldados de frontera de la extinta RDA y para sus superiores, para los militares serbios y para los mudjahedín afganos?

Las reflexiones que siguen son fruto de la sexta conferencia, de un total de siete, en el marco de las «Conferencias Tomás de Aquino sobre Responsabilidad Ciudadana (*responsible citizenship*)». Con ellas se persigue «promover el diálogo interdisciplinario y transnacional sobre los fundamentos de la comprensión del crimen y de sus consecuencias penales, así como del tratamiento racional de esta materia». Cada una de las conferencias tiene lugar en un país diferente, «y es encomendada intencionadamente a un científico cuya obra se centra con mayor o menor intensidad en cuestiones de derecho, pero que en ningún caso debe ser exclusivamente penalista o criminalista. Con la exposición de reflexiones provenientes de una "visión profesionalmente imparcial", externa al ámbito criminológico y penal, se pretende estimular discusiones interdisciplinarias y, dado el caso, también actividades complementarias de la más diversa índole, orientadas todas ellas a la responsabilidad de los ciudadanos, incluidos los científicos, frente al bien común».

Agradezco la honrosa invitación a asumir una de estas conferencias al presidente de la «Fundación Tomás de Aquino» (Nueva York), al criminalista Thomas Szabó (Montreal), y a su colega Hans-Jürgen Kerner (Universidad de Tubinga), presidente a su vez de la «Sociedad Internacional de Criminología» (París), la institución coorganizadora del ciclo. Esta conferencia, pronunciada en octubre de 1997 en la Universidad de Tubinga, me dio la oportunidad de ampliar al campo del derecho penal, el «discurso jurídico intercultural» iniciado en mi libro *Vernunft und Recht* (Razón y Derecho, 1966), y de mostrar con este tipo de argumentación que el derecho penal no es ni la expresión de una atávica exigencia de penas y, mucho menos, de un instinto de venganza, ni tampoco un medio represivo sacado de una cámara de torturas del Estado. E, igualmente, tampoco precisa el derecho penal de una justificación superior, que se remita por ejemplo a una justicia absoluta; el derecho penal constituye más bien el elemento integral de un sistema jurídico libre. Mi tesis fundamental, que tiene dos partes, reza como sigue: el derecho penal representa el elemento irrenunciable de una autoorganización de la sociedad comprometida con los derechos humanos. Y aunque no de manera absoluta, sí lo hace en esa función: en cuanto escudo protector de los derechos humanos y expresión de la profunda solidaridad de la sociedad con las víctimas de violaciones de los derechos humanos –la libertad de que priva a los posibles delincuentes, la devuelve en forma de confianza a las potenciales víctimas– puede pretender validez intercultural.

Un derecho penal de esta naturaleza se puede calificar de moderno en el sentido normativo, en cuanto que responde a las exigencias de un ordenamiento jurídico ilustrado y, a la vez, humano: de un Estado constitucional democrático, o bien, de una democracia liberal que incluye la sociedad civil. Un derecho penal comprometido con los derechos humanos se integra dentro de una teoría civil del Derecho y del Estado. Mas no es moderno en el sentido cronológico y exclusivo, como si, por ser invención propia de la Modernidad europea, sólo fuera realizable bajo sus condiciones marco y preferencias. Ni mucho menos se ha de otorgar por ello el purpúreo manto de la liberalidad y la justicia a todos los actuales desarrollos en el campo del derecho penal. Ya mucho antes de la Edad Moderna, en la antigüedad clásica, por ejemplo, hallamos elementos de un derecho penal moderno en el sentido normativo. El interés permanente por un derecho penal comprometido con los derechos humanos es independiente de las peculiaridades de la Modernidad europea. Pero frente a la actual ampliación del derecho penal a cada vez más ámbitos de la vida y de la sociedad también resulta perfectamente comprensible un buen grado de escepticismo. (Y si, por esta razón, alguien considera equívoco el término «moderno», no vemos inconveniente en que hable entonces, si así lo prefiere, de un «derecho penal liberal».

Con el fin de documentar no sólo con argumentos este carácter intercultural, sino también de «exhibirlo» mediante ejemplos, por un lado hacemos un recorrido sincrónico por otras culturas y, por otro, echamos también una mirada diacrónica a la historia, aportando testimonios provenientes de la antigüedad, incluso de la época arcaica: el Oriente antiguo (inclusive el antiguo

Israel); la Grecia clásica (y de ésta no sólo los conocidos textos filosóficos, sino también las obras literarias en la medida en que –como es el caso de la *Orestíada* de Esquilo– son jurídicamente relevantes) y, sobre todo también, la época romana.

I

¿Existe un derecho penal intercultural?

1. La cuestión

La creciente globalización va mucho más allá del ámbito de la economía y de las finanzas. Cuando en este proceso se traspasan no sólo fronteras nacionales sino también socioculturales, se plantea urgentemente la pregunta de cómo han de reaccionar los órdenes jurídicos ante las personas que traspasan esas fronteras, ante extranjeros, especialmente cuando se trata de los llamados «exóticos», provenientes ya no de un Estado culturalmente vecino, sino de una cultura jurídica distinta: ¿es lícito que los órdenes jurídicos les apliquen pese a ello su medida más severa, el derecho penal previsto como *ultima ratio*? ¿Tienen estos órdenes un derecho (subjetivo) a aplicar su derecho penal (objetivo) más allá de las fronteras culturales? ¿Existe una competencia penal intercultural?

Al plantear estas preguntas no estoy pensando en el derecho subjetivo en sentido positivo –a ese respecto deciden los órdenes jurídicos por sí mismos–, sino más bien en sentido jurídico-moral, es decir, como parte de aquellas obligaciones morales cuyo reconocimiento se deben las personas entre sí. La cuestión reza por tanto: ¿pertenece una competencia penal intercultural a las obligaciones que las personas tienen derecho a exigirse recíprocamente?, ¿es una tal competencia penal legítima en sentido jurídico-moral?

Es evidente que una respuesta sólo podrá ser adecuada al asunto planteado si se ajusta a las exigencias de la pregunta, no remitiéndose ni a las convicciones del propio espacio cultural ni tampoco a sus requerimientos. Para una pregunta que trascienda las culturas se precisa de conceptos y argumentos también válidos más allá de la propia cultura. Si se entiende a la cultura como conjunto complejo de determinados valores, convicciones y normas de acción, entonces se espera de toda justificación que sea válida siempre en dependencia de su respectiva cultura y, por tanto, nunca más allá de esa cultura. Mi tesis es que ello no es aplicable ni a los fundamentos del derecho penal, ni a todos los delitos, a lo objetivamente ilícito, ni tampoco a los criterios de responsabilidad propia, a la culpa subjetiva, y mucho menos a los principios básicos de procedimientos penales. Hay que considerar el tema en el horizonte de la cuestión general acerca de lo que se pueden exigir mutuamente culturas diferentes. Y de un ámbito parcial de esta cuestión, el relativo a las pretensiones jurídicas que se pueden formular unas frente a otras, hay que elegir un sector aún más reducido, el referente a exigencias recíprocas de índole jurídico-penal.

Si planteamos a fondo la pregunta en la esfera del derecho penal, ésta presenta como mínimo ocho grados y facetas. Todos ellos remiten a problemas tan concretos como graves:

1) Primero, sobre la petición de la pena: ¿existen razones interculturales, que transciendan la propia cultura, que demuestren la validez del hecho de que, en general, sociedades o Estados reclamen un derecho a penalizar? Como dentro del actual «choque» de culturas jurídicas diferentes esta cuestión no se cuenta entre los puntos de controversia directa, no la vamos a situar al inicio de nuestras reflexiones, aunque tiene prioridad en sentido sistemático; de ella nos ocuparemos sin embargo más adelante (capítulos 9 y 10).

2) En segundo lugar, sobre el derecho penal material: para las acciones (hechos u omisiones) que son objeto de la petición de pena, ¿existen razones supraculturales o criterios interculturales para determinar lo que es injusto en estricto sentido jurídico, que tengan como consecuencia, o bien el reconocimiento de delitos como tales a nivel intercultural, o bien normas de derecho penal? Los trabajos de las Naciones Unidas en torno a un «Código Mundial de lo Criminal» o «Código Internacional de lo Criminal» insinúan una respuesta positiva (véase las «Reflexiones sobre la problemática de un derecho penal internacional» de Becker 1996); sin embargo, la muy limitada competencia sólo permite una respuesta positiva correspondientemente limitada. Por ejemplo, el Tribunal Mundial de lo Criminal o Tribunal Internacional de lo Criminal («International Criminal Court»: ICC) probablemente sólo será competente para cuatro «crímenes máximos» particularmente graves: para casos de genocidio; para crímenes contra la

humanidad; para crímenes de guerra (incluidas las ejecuciones masivas de enemigos políticos, las «limpiezas» étnicas y las violaciones como medios de beligerancia); y, cuarto, para el crimen de la agresión.

Incluso esta limitada competencia rompe con la amnistía tras la guerra, largo tiempo dominante en el derecho internacional público. La extradición al país de los vencedores de dirigentes militares o políticos enemigos para que sean castigados, ya se halla documentada en tiempos muy antiguos: por ejemplo, el 16 de marzo del año 597 a. C., Joaquín, rey de Judá, es entregado a Nabucodonosor, rey de Babilonia (véase II *Reyes* 24, 12 y 15). Sin embargo, bajo el influjo del cristianismo, el derecho de gentes se declaró en contra de la extradición y a favor del clásico derecho de los tratados de paz, de la amnistía recíproca. La *Magna Charta Libertatum* de 1215 contiene incluso una cláusula de amnistía (art. 2) que se ha respetado hasta el siglo XX. El famoso confinamiento de Napoleón a la isla de Santa Helena no es considerado como una pena propiamente dicho, sino como medida preventiva (cuasi de derecho policial). El teórico de la paz más importante en la filosofía, Immanuel Kant, considera la amnistía incluso como un concepto implícito a un tratado de paz: «Que al acuerdo de paz va ligada también la amnistía es algo que se deriva del concepto mismo» (*Rechtslehre*, § 58). Sin embargo, su terminante prohibición de «medios alevosos» –desde el espionaje, pasando por la contratación de asesinos pagados, hasta el expolio de la población– (§ 57) ya ofrece un punto de apoyo para oponerse a una amnistía total. (Sobre el actual derecho internacional respecto a los crímenes de guerra véase Blumenwitz 1997).

El Tribunal Internacional de lo Criminal fue instaurado por una conferencia de Estados que tuvo lugar ya en julio de 1998. Aquí rigieron –tal vez habría que decir más exactamente: debieron haber regido– cinco principios: (1) el Tribunal Internacional de lo Criminal solamente actuará cuando los tribunales de lo criminal de un Estado en particular sean incapaces o no estén en condiciones de perseguir un determinado delito grave (principio de la subsidiaridad o complementaridad); (2) la competencia del Tribunal Internacional de lo Criminal estará limitada a los cuatro crímenes máximos citados, universalmente punibles, aunque en este punto todavía no está seguro si la guerra de agresión se incluirá o no en el derecho penal material; (3) el fiscal del Tribunal Internacional de lo Criminal es competente para iniciar diligencias *ex officio*, por propia iniciativa; (4) queda garantizada la independencia judicial del Tribunal Internacional de lo Criminal frente a influencias políticas por parte de Estados o del Consejo de Seguridad de las Naciones Unidas; (5) no se impondrán penas de muerte, sino sólo penas que podrán llegar hasta la condena a perpetuidad.

3) Si la respuesta relativa al derecho penal material es positiva, entonces urge otra pregunta adicional aún de mayor peso: ¿es lícito penalizar a extranjeros por un delito que en su patria no lo es? (Aquí quedan fuera de consideración cuestiones de aquel Derecho de aplicación de penas erróneamente llamado «derecho penal internacional»: la aplicación – cautelosa y bien definida según el Derecho alemán– de un derecho penal nacional a delitos que tienen también relación con el extranjero.) Según el derecho internacional positivo la situación está

clara: «Los extranjeros que se hallan en el territorio de soberanía de un Estado, están sujetos en principio y en su totalidad al orden jurídico allí vigente, siempre que no se trate de diplomáticos, jefes de Estado o miembros de las Fuerzas Armadas de otros Estados» (Heilbronner 1997, 254). Por razón de su soberanía, el Estado tiene una competencia penal en su territorio respecto a los extranjeros. Sin embargo, desde una perspectiva jurídico-moral ¿resulta ello tan simple y claro? Otra pregunta adicional concierne a la pretensión de algunos Estados a exigir de otros Estados que reconozcan sus propias normas jurídico-penales. En consonancia con el derecho internacional vigente, con el principio de soberanía y la prohibición de intervención, tal pretensión parece improcedente. Sin embargo, en sentido jurídico-moral sí podría estar justificado que Estados occidentales, por ejemplo, exijan de Estados asiáticos que prohiban el trabajo y la prostitución infantiles, y de Estados islámicos que prohiban la circuncisión de las niñas y las penas de mutilación de miembros corporales; penas que, por cierto, esos mismos Estados occidentales practicaron hasta finales del siglo XVIII (por ejemplo, a tenor del *Peinliche Gerichtsordnung* de Carlos V, el ordenamiento jurídico conocido como *Carolina*, de 1532) y, en parte, también más tarde.

4) Otra cuestión más, también relativa al derecho penal material, es la siguiente: ¿puede existir un derecho penal que no sólo penalice a los responsables de Estados extranjeros, por ejemplo en el marco de procesos contra crímenes de guerra, sino también a los Estados mismos? Como se sabe, los vencedores suelen proceder así contra los vencidos: de manera evidente, por

ejemplo, los Aliados contra Alemania tras la Primera Guerra Mundial. Sin embargo, entretanto se ha llegado a ser más cauto, y con razón. Puesto que de acuerdo al principio de la soberanía, incontestado en el derecho de gentes, los Estados se hallan ordenados entre sí unos al lado de otros, pero no equiparados, de manera que –según Kant (*Rechtslehre*, § 57)– falta un requisito irrenunciable para la competencia penal legítima, un orden superior e inferior; toda vez que «la pena se aplica sólo dentro de la relación superior-súbdito», una relación que no se da «entre los Estados». También se puede argumentar desde el concepto mismo de pena: mientras predomina el principio de la soberanía, sólo existen partes en litigio, mas ningún tercero imparcial, de manera que sólo se puede hablar de pena entre comillas. Estructuralmente considerado, es decir, independientemente de estados de ánimo personales, no se trata de la reacción objetiva de alguien no afectado, que se produce de acuerdo a normas comúnmente reconocidas, tanto materiales como procedimentales, sino, muy al contrario, de la reacción de alguien afectado, es decir, exactamente de lo que, sin excepción, es ilegítimo en el interior de un Estado: de una «venganza privada».

5) En quinto lugar, sobre el procedimiento penal: ¿existen normas procesales interculturalmente válidas como, por ejemplo: *audiatur et altera pars* (escúchese también a la otra parte); *nemo sit iudex in causa sui* (nadie sea juez en su propia causa); *in dubio pro reo* (en caso de duda fállese a favor del reo); *nulla poena sine lege* (ninguna pena sin una ley)? Tales normas procesales son reconocidas prácticamente en todas las

culturas jurídicas. Mas el último principio suele ser vulnerado por potencias de ocupación, cuando no se valen meramente de su derecho –aparentemente reconocido de siempre– a establecer el derecho para el territorio ocupado, sino también a aplicarlo retroactivamente.

6) La cuestión análoga sobre el régimen penitenciario: ¿existen aquí normas interculturalmente válidas, al menos normas de segundo grado, criterios o principios interculturales? Los nuevos desarrollos hablan a favor de una respuesta positiva –puesto que, respecto a la elección y conformación del sistema de penas o sanciones, se perfila un consenso casi universal (véase Tiedermann 1996)–, si bien sólo limitadamente positiva. Hay todavía órdenes jurídicos que prevén castigos corporales: el caso más conocido es el del derecho penal islámico tradicional; aunque también es cierto que «la mayoría de Estados del mundo islámico hace tiempo que dispone ya de un derecho penal regulado por leyes de cuño occidental» (Dilger 1990, 84). Otros órdenes jurídicos prevén la pena de muerte –como es el caso incluso en diversos Estados federados de los Estados Unidos de América. Por otro lado, para una cultura con una marcada conciencia de comunidad, como es el caso en muchas regiones africanas, resulta inhumano algo que en Occidente se practica con la mejor conciencia: aislar a un delincuente en la cárcel durante muchos años. Aparte de que la abolición de todas las penas corporales puede conducir a sanciones sólo aparentes: el que un ladrón sorprendido *in flagranti* ya no sea castigado con un apaleamiento, sino que vaya a parar en la cárcel por breve tiempo, no tiene el menor

valor penal en algunas partes de Africa occidental: para la gente que sueña con estar a la sombra y comer con regularidad, un lugar que garantiza ambas cosas, la cárcel, significa más bien una recompensa que un castigo.

7) Otra cuestión más sobre la ejecución de la pena: ¿es legítimo que otras culturas jurídicas impongan penas contra extranjeros que, como es el caso de los castigos corporales o la pena de muerte, están prohibidas por razones morales en el derecho penal de los países de origen de esos extranjeros? Y la variante en el interior de un Estado: ¿pueden Estados que se definen por una religión, por ejemplo los estrictamente islámicos, aplicar su Derecho religioso (la *scharia* en nuestro caso) a personas de otra confesión o, dado el caso, a personas que han dejado de ser creyentes? O la variante jurídico-política: ¿es permisible que otros órdenes jurídicos exijan tal vez hasta la abolición total de tales penas o del derecho religioso? Ciertamente que no lo deben hacer en interés propio, ni tampoco con una conciencia de superioridad cultural, mas tal vez sí con miras a la protección de quienes viven en esos países.

8) También se plantea la pregunta, y no en último lugar, sobre la justificación de una administración de la justicia penal con carácter supletorio. En el marco de un «principio de derecho universal», hacia el que ya empiezan a confluir los Estados, se puede defender fácilmente esta administración supletoria de la justicia penal allí donde los delitos son considerados como tales, independientemente del derecho penal del lugar en que han sido cometidos. Esto tiene actualidad, por ejemplo, en el caso de la trata de blancas o de delitos

relacionados con el narcotráfico. De este modo es posible que, por ejemplo, un coreano que ha cometido en el Japón un delito relacionado con drogas, pero que luego es detenido en Francia, pueda ser condenado en Alemania. Y, actualmente, se suele dar preferencia a esta práctica frente a la extradición.

Todas estas preguntas son tanto más urgentes cuanto que la globalización está amenazando un elemento irrenunciable para el ser humano: la pertenencia a grupos bien determinados. Ello afecta no sólo al bienestar, sino sobre todo a esa identidad personal cuya puesta en peligro amenaza bienes jurídicos tan elementales como el derecho a la religión, la lengua y la cultura propias. Incluso allí donde no están directamente en peligro estos bienes, se da una amenaza indirecta: el extranjero proveniente de otros ámbitos culturales se siente largo tiempo culturalmente «desgarrado» al estar en parte aún vinculado a su anterior cultura (jurídica) y ya, en parte, también a la nueva. Considerada desde una perspectiva político-criminal, esta situación es muy relevante. Puesto que personas con una identidad mermada tienden mucho más a la criminalidad que las de identidad afianzada, las dificultades relativas a la identidad son de índole «criminógena» (sobre este tema véase ya Sellin 1938).

Por otro lado no se debe pasar por alto que estas cuestiones, consideradas en el mundo de la vida real, pierden con frecuencia su dramatismo. Desde el punto de vista jurídico-político incluso carecen en muchos casos de importancia, toda vez que no sólo la petición penal del Estado, sino también una gran parte de los tipos de delito –podríamos incluso hablar de un derecho penal básico– están reconocidas por igual prácticamente en todas las culturas jurídicas. Precisamente el derecho penal se halla en sus matices íntimamente ligado a la tradición y a la «conciencia de valor» de una sociedad, motivo por el cual se puede observar últimamente incluso un distanciamiento frente a un eventual Código Penal Europeo (aunque también tendencias hacia una unificación, véase Tiedemann 1997). Aparte de ello hay temas que se discuten con vehemencia en el derecho penal, como el aborto (temporalmente limitado) y la eutanasia, así como –a escala mundial– el adulterio, la homosexualidad y la prostitución. Sabemos, sin embargo, incluso de fuentes escritas, al menos desde el Código de Hammurabi (véase Winckler 1903; Finet 1983), que bienes jurídicos personales como el cuerpo y la vida, la propiedad y la buena reputación (el «honor»), al igual que bienes jurídicos públicos como la declaración jurada y la seguridad de la moneda, es decir, la prohibición del perjurio y de la falsificación del dinero, están protegidos desde los tiempos más remotos en el derecho penal, al menos en esta enumeración mínima dentro de lo que podría ser un derecho penal básico. Y si ahora se conoce, primero, el tipo de delito y, segundo, si se puede esperar del extranjero que se informe, al menos en sentido jurídico-penal, sobre peculiaridades del país que lo acoge, particularmente en ámbitos donde hay que contar con tales peculiaridades, entonces éste no podrá remitirse sin más a la existencia de divergencias.

Debido a un posible malentendido se recomienda un *caveat*: el tema que nos ocupa no supone en absoluto que inmigrados, desplazados y otros «jurídicamente foráneos» sean más delincuentes que los «jurídicamente familiares». La pregunta por un derecho penal intercultural nada tiene que ver con la imagen hostil del «extranjero peligroso». Así, vemos que incluso en la historia social y cultural de la humanidad (véase Schuster 1996) los extranjeros no están vistos sólo como personas que irritan y atemorizan o que tal vez llegan incluso a ser objeto de inquietud; el extranjero es igualmente el comerciante bienvenido, el huésped apreciado, el admirado salvaje noble y el exótico objeto de asombro (véase Greenblatt 1994, 31-42 *et passim*).

Una observación más sobre la situación de la discusión en torno al derecho penal: los frentes se han desplazado en los últimos años de manera notoria. Durante largo tiempo, la *inteligentsia* liberal lo tenía más fácil al poderse pronunciar a favor de la liberalización. Tras la «depuración» del derecho penal sexual, particularmente en lo que concierne al aborto, determinadas figuras delictivas tuvieron que desaparecer totalmente del derecho penal. Además, también se tuvo que modificar la finalidad de la pena: en lugar de ejercer una represalia afín a la venganza, era preferible apostar a favor de la prevención; aunque en todo caso sería mejor orientarse exclusivamente por la reintegración del delincuente en la sociedad y por su resocialización. Mas desde hace algunos años, la *inteligentsia* liberal apunta en la dirección contraria: en lugar de abogar por una depuración del derecho penal lo hace a favor de su ampliación, claro que no primariamente respecto a los fines de la pena, pero sí en cuanto a las proporciones de las competencias penales. Las palabras clave son conocidas: protección de datos, prohibición del blanqueo de capitales, protección de animales y, sobre todo, protección ambiental. Y, en otros ámbitos, por ejemplo en los temas de genocidio y crímenes de guerra, de corrupción y criminalidad económica y fiscal a gran escala, exige –sin duda con razón– medidas más eficaces. Pese a todo, nuestras reflexiones no están para nada ligadas a este desplazamiento de los frentes.

2. Seis modelos de respuesta

A favor de la mencionada desdramatización habla un argumento más: quien dispone de una conciencia histórica sabe perfectamente que la cuestión no es tan fundamentalmente nueva, como podría hacer presumir ese apasionamiento de muchos coetáneos nuestros que los lleva a considerar la vinculación entre globalización y multiculturalidad como el último gran logro de la historia humana. Por un lado no se debe olvidar el hecho de que en el interior de sociedades pluralistas ya se plantean problemas similares. Concretamente en las llamadas sociedades «viejoeuropeas» tuvo lugar un proceso de diferenciación –provocado por la disidencia religiosa, corroborado luego en la época de la Ilustración e intensificado por la revolución burguesa y la industrial– que llegó a disolver condiciones antes relativamente homogéneas y dio origen a las sociedades abiertas y pluridimensionales que desde hace tiempo nos son familiares. En ellas viven grupos, cada vez más numerosos, con convicciones e intereses propios; amén de que cada vez más se generalizan costumbres y valores diferentes, de modo que territorios extranjeros ya se ubican incluso dentro de la propia sociedad.

En la medida de lo necesario, el derecho penal pronto aprendió aquí la «lección» pendiente otorgando, con la correspondiente liberalización, al antes culturalmente extranjero el derecho nacional posible desde el punto de vista jurídico-penal: no importa que se trate de disidentes religiosos o de ateos (incluso militantes), de críticos de la sociedad o del Estado, del divorcio, de la homosexualidad o de la promiscuidad sexual; en cuanto al comportamiento «anormal» hace tiempo que dejó de ser un delito habiendo perdido prácticamente toda relevancia para el derecho penal.

Por otro lado, no es en la Edad Moderna cuando se registran los primeros grandes impulsos hacia la multiculturalidad, incluso hacia la globalización. Tales fenómenos los conocemos ya en la antigüedad, como consecuencia, por ejemplo, de las campañas de Alejandro Magno y, más tarde, de la expansión del Imperio romano, así como de la posterior propagación del cristianismo y también del islam. E igualmente sabemos de tales desarrollos durante la época de los descubrimientos, de la colonización que los siguió, de la industrialización y del comercio mundial.

En todos estos desarrollos se plantea nuestra cuestión sobre el tratamiento del extranjero, particularmente del «exótico», en el aspecto jurídico-penal. Ya en la antigüedad hallamos cinco modelos de respuesta que hasta el día de hoy merecen ser discutidos y que, además, constituyen las opciones decisivas. Dos de ellos los tenemos presentes incluso sin poseer conocimientos especiales de la materia.

Un sexto modelo, con el que vamos a encabezar el siguiente capítulo, ya no merece la pena ser discutido. Lo expondremos sin embargo porque significa un importante reverso de la imagen al mostrar los peligros de la arrogancia, una amenaza en muchas culturas y sólo superable mediante un esfuerzo moral.

El extranjero como bárbaro

En el antiguo Oriente, los extranjeros de costumbres insólitas no solamente eran marginados, sino que con frecuencia también eran objeto de desprecio. Los miembros de la propia sociedad se consideraban a sí mismos como «personas civilizadas», mirando despectivamente a los otros, a los pueblos montañeses o nómadas, puesto que «éstos no viven en ciudades ni cultivan cereales, no conocen el aceite ni la leche, y comen carne cruda» (cit. en Röllig 1995, 91). En el poema de *Gilgamesh* (Schott/von Soden [6]1988, 26 s.), al «salvaje» Enquido se le reprocha incluso que «no sabe comer pan / ni tampoco ha sido enseñado para degustar embriagadoras bebidas» (segunda tablilla, verso 86 s./88 s.).

Otras culturas arcaicas se comportan de modo similar. Quien no conoce las costumbres del propio país no es considerado como verdadero ser humano, se le asemeja más bien a un mono o, por su lenguaje ininteligible, a un perro. Y en cuanto «no personas en el sentido babilónico, no había el menor problema en quitarles la vida (a los extranjeros)» (Röllig 1995, 92). Por otra parte, estos «monos provenientes de las montañas» –se refiere al pueblo de los guteos– podían ser encumbrados a través de una especie de juicio de Dios, a «pastores de su país», Sumeria (según Röllig 1995, 92).

Aquí detectamos ciertamente una ambivalencia: el extranjero no es *de facto* sólo aquel que es despreciado por sus «malas costumbres». También es alguien cuyas facultades le pueden permitir ascender a puestos elevados (o al que se lo tenga que permitir); piénsese por ejemplo en la época, militarmente impuesta, del «dominio de los pueblos extranjeros» en Egipto, tal como la conocemos por la historia bíblica de José (*Génesis* 37 y ss.).

Relativizando un tanto, naturalmente, hemos de tener en cuenta que, a consecuencia de la no simultaneidad regional de la evolución cultural en la época de transición del neolítico a la edad de bronce, las antiguas civilizaciones muy desarrolladas se veían realmente confrontadas en sus fronteras a etnias de niveles culturales todavía propios del neolítico. Sin embargo, la concepción del extranjero desarrollada en ellas tiene validez no sólo para esa época. Lamentablemente ha mantenido una triste validez supraepocal. No sólo apadrinó la formación del concepto grecorromano de «bárbaro» (véase Seiler/Capelle [8]1878, v. s. *barbarophônos*) que en cualquier caso, como se ha demostrado sobre todo gracias a los progresos de la etnología griega (Müller 1997), pronto degeneró en una especie de tópico de propaganda política (en Isócrates, por ejemplo, véase Wiesehöfer [2]1998, 123); en tópico que finalmente también se solía utilizar en el sentido del cliché opuesto, el del «noble bárbaro». Como ejemplo más antiguo se podría citar la glorificación de la (originaria) cultura persa en la *Ciropedia* de Jenofonte (véase Wiesehöfer [2]1998, 31, 73 s., 80); también la glorificación de la antigua India en las *Indica* de Megástenes (siglos IV-III a.C., véase Müller 1997, 224-231, sobre todo 227 y 231), al igual que el ejemplo más famoso entre nosotros: la exposición que el historiador Tácito hace de lo germánico que, como mínimo, bien podríamos calificar de tendenciosa.

Sin embargo, como quiera que este modelo de respuesta es repetidamente objeto de reactivaciones periódicas en la historia de la humanidad, precisamente en lo que respecta a su versión negativa más peligrosa, que llegan hasta la «teoría de la raza» del siglo XX y enlazan directamente con las antiguas concepciones (un ejemplo drástico se puede consultar en Wiesehöfer [2]1998, 130), la mención de este modelo «anticuado» de respuesta está hoy más que justificada. Por su naturaleza, al aducir la otredad –hereditaria– de los extranjeros, esta concepción niega, al lado de sus aportes culturales, también el derecho del extranjero a ser sujeto de derechos humanos. Así sirve también de medio para justificar la agresión más extrema al extranjero, y ello tanto en nuestros días como en la época de los movimientos nacionales de expansión (guerras de conquista y colonialismo).

Igualdad de trato

El primer modelo de respuesta digno de ser discutido lo conocemos por el *Antiguo Testamento*. Según sus preceptos –«tratad al extranjero que habita en medio de vosotros como al indígena de entre vosotros» (*Levítico* 19, 34)– el extranjero no debe ser tratado ni mejor ni peor que los demás («ger» puede ser interpretado en hebreo como «ciudadano a proteger»). No existe un derecho especial para él, sino que se le somete a las mismas leyes. En el versículo anterior se expone la condición negativa mínima: «Si viene un extranjero para habitar en vuestra tierra, no lo oprimáis» (33), mientras que en el siguiente se pasa de la no represión al amor al prójimo; hay una gradación que va de una exigencia de igualdad de trato hasta una obligación humanitaria: «ámale (al extranjero) como a ti mismo» (34). Como razón de la igualdad de trato se evoca la idea de la hospitalidad y, como razón de ésta, la propia experiencia: «porque extranjeros fuisteis vosotros en la tierra de Egipto» (34).

Sin embargo, por sí sola, la experiencia de Israel en Egipto no es un argumento suficiente. Para evitar el sofisma del *deber ser*, un error de legitimación que amenaza por doquier, se precisa de un elemento adicional, genuinamente moral. Mas éste puede ser tan evidente que no sea necesario mencionarlo. Para el versículo citado bien podría ser la regla de oro en su versión negativa: «lo que no quieras para ti, no lo hagas a nadie.» (Para el *Antiguo Testamento*, véase *Tobías* 4, 15; a su vez, su versión positiva ya se acerca al precepto del amor al prójimo: *Levítico* 19, 18; si bien tal precepto está aquí limitado a los semejantes cercanos, a los «hijos de tu pueblo».)

La regla de oro, un principio básico de la reciprocidad, tiene validez intercultural tanto en sentido empírico como legitimatorio. Empíricamente considerada, esta regla trasciende las culturas en cuanto que la encontramos en muchas de las que nos son conocidas, por ejemplo en la sabiduría del antiguo Egipto, en Confucio (véase Roetz 1995, 70-79), en Tales, uno de los Siete Sabios (griegos), y en el cantar nacional de la India, el *Mahabarata*, (XIII, v. 5571 ss.), aparte del *Antiguo* y del *Nuevo Testamento* (*Mateo* 7, 12; *Lucas* 6, 31); y, finalmente, incluso en culturas más alejadas como la de la tribu Akan en Ghana (véase Wiredu 1996, 170). Y desde un punto de vista legitimatorio, esta regla de oro también trasciende las culturas al no exigir requisitos que sean privativos de una sola cultura. En ambos aspectos significa un legado de la herencia moral o, más exactamente, del patrimonio de justicia de la humanidad.

Por lo demás, la Grecia arcaica se atiene al mismo modelo de respuesta que el antiguo Israel, de manera que aquí podemos constatar una interesante comunidad de miras: el Edipo errante por Atica tras su destierro, acompañado de Antígona, se somete primero a las costumbres reinantes en Colono; respeta la prohibición de no pisar el bosque de las Euménides hasta que la misma voz divina lo exhorta a ello, soportando así la inseguridad de si realmente le será deparada la expiación allí augurada (Sófocles, *Edipo en Colono*, v. 171-173).

Ahora bien, también podría ocurrir que la humanitaria igualdad de trato resultara inhumana. El extranjero que se somete a las leyes del lugar, pierde por cierto el derecho a seguir ateniéndose a las costumbres de su patria. Sin embargo, como es probable que las lleve en lo más profundo de su ser, corre incluso el peligro de incurrir en un delito. Un ejemplo banal: repatriados originarios de Kazastán van a pescar truchas; como quiera que en su patria esto era un derecho consuetudinario, no tienen la menor conciencia de la ilicitud de sus actos; ya no tan banal es el caso de las relaciones sexuales con menores que, en parte, las practican porque «sencillamente se empieza» y, en parte, porque las niñas no rigurosamente custodiadas son consideradas en su patria como «caza libre».

Quien quiera escapar a la contravención habrá de distanciarse de las propias costumbres y someterse a las del país para él extranjero. Aquí se presenta un dilema, el llamado dilema jurídico del encuentro intercultural: un principio elemental de la justicia de todo orden jurídico, el trato igual, corre el peligro de convertirse, aplicado a extranjeros, en trato desigual y, por consiguiente, en una injusticia: mientras que los nativos pueden seguir sus propias costumbres, los extranjeros han de someterse a costumbres hasta entonces desconocidas por ellos y, con harta frecuencia, incluso contrarias a sus usos. El dilema jurídico intercultural consiste en el conflicto entre igualdad de trato y sumisión; aunque también es cierto que las meras costumbres generalmente son irrelevantes en sentido jurídico-penal. No entro aquí a considerar la cuestión histórica sobre si realmente se han impuesto penas por delitos que no eran considerados tales por el delincuente. Sin duda que hay ejemplos de ello; otra cuestión bien distinta es con qué frecuencia se han producido tales casos.

Por lo demás, el *Antiguo Testamento* conoce también momentos de otro modelo más, el de un derecho penal universal: el profeta Amós reprocha en nombre de Dios no sólo a Judá y a Israel, sino también a pueblos y Estados extranjeros como Damasco, Gaza, Tiro y Edom, haber cometido crímenes y delitos atroces (*Amós* 1,3-2,8). E igualmente proceden algunos de los otros profetas (*Isaías* 13-23, 34; *Jeremías* 46-51; *Ezequiel* 25-32 y *Nahum*); también la predicación del profeta Jonás exhortando a los ninivitas a la penitencia (*Jonás* 1,1s., 3) viene a confirmar la suposición de la existencia de concepciones comunes y –si se me permite extrapolar– universalmente válidas del derecho y de la injusticia.

Un derecho intercultural

El Imperio romano conoce en principio este dilema del derecho. En tanto confederación de Estados a la que pertenecen, al menos en sus primeros tiempos, numerosos Estados particulares autónomos sólo dependientes de Roma sobre la base de tratados de derecho internacional, se trata de un Estado multiétnico, cuya población integra una sociedad que, según la terminología de hoy, calificaríamos de alta complejidad multicultural. En ella se originan modelos de respuesta adicionales y, en particular, un especial derecho internacional público. El *ius gentium* romano en cuestión no es el derecho (público) vigente entre los pueblos, un *ius inter gentes*, sino más bien, en términos de hoy, un derecho privado internacional que, sin embargo, a diferencia de la comprensión actual del concepto, está integrado sobre todo por un derecho material económico y comercial. Más al margen aparece también un derecho público interestatal como, por ejemplo, el derecho del legado plenipotenciario a la invulnerabilidad (privilegio de fuero) y la obligación de respetar los tratados internacionales. A diferencia del derecho privado autóctono de Roma, el *ius civile* quirinal o *ius Quiritium*, el *ius gentium* está considerado como un derecho intercultural, conocido en todos los pueblos, al que la doctrina académica de influencia filosófica deducirá de la razón natural *(ratio naturalis)* común a todos los seres humanos; un derecho que además consta de instituciones y principios jurídicos que son comunes a todos los pueblos. Así por ejemplo, en el caso de relaciones obligacionales (inclusive compra, alquiler, gerencia, etc.) se acoge a la *fides*, a la obligación de atenerse a la palabra dada, que es válida para toda persona independientemente de su pertenencia étnica o religiosa, y que originariamente se hallaba bajo protección divina. (Por lo demás, también la violación de los tratados internacionales está considerada como violación de la fe jurada, con lo que el *ius gentium* adquiere a la vez el carácter de derecho internacional público.) Entendido como derecho intercultural, el *ius gentium* es aplicado con buen criterio a los extranjeros. En el trato de los foráneos (*hostes* o *peregrini*, extranjeros) Roma no se atiene ni a su derecho –al menos en lo que toca a las relaciones entre nacionalidades diversas– ni tampoco al de los foráneos. Recurre más bien a un derecho conocido en todos los pueblos, desapareciendo así los peligros –alienación, sumisión– que amenazaban en el antiguo Israel.

Curiosamente, el derecho intercultural se limita esencialmente al derecho privado, mas excluye, prácticamente en su totalidad, el constitucional y el administrativo, al igual que el religioso y el derecho procesal genuino. «Es evidente que las áreas jurídicas sustraídas totalmente a la autonomía privada, debían quedar reservadas a la regulación autoritativa que, por su parte, no se siente vinculada por conceptos jurídicos que se pueden encontrar en todos los pueblos como impuestos por la naturaleza» (Kaser 1993, 13).

Pese a un cierto parentesco con el actual derecho internacional privado, existe una diferencia importante. Mientras que cada Estado establece hoy, en el marco de su legislación nacional, los límites de los ordenamientos jurídicos nacionales y extranjeros, el *ius gentium* romano no fija los límites del ordenamiento jurídico romano, sino que incluye el derecho privado que es aplicado a todos los sujetos de derecho, exclusión hecha de las relaciones de los ciudadanos romanos entre sí. En cuanto derecho que vincula a todas las personas sin diferencia de sus derechos como ciudadanos, pertenece de acuerdo al fundamento de su vigencia al *ius honorarium* que, a su vez, está sujeto a la autoridad jurisdiccional del pretor.

Para resolver los litigios (de índole jurídica privada) que con el creciente tráfico mercantil se producen entre los ciudadanos de diversas repúblicas-ciudad o de pueblos, Roma erige una magistratura propia ya en el año 242 a. C., es decir, hacia finales de la Primera Guerra Púnica (ateniéndose a modelos griegos como, por ejemplo, el tribunal ateniense de extranjeros de los siglos V-IV a. C.; véase Bleicken [2]1994, 87 y 89 ss.). Se trata del pretor de extranjeros (*prateor peregrinus*), competente para litigios sólo entre extranjeros o bien entre éstos y los ciudadanos romanos. La cuestión relativa al derecho de acuerdo al cual ha de proceder esta magistratura, la responde Roma con un pragmatismo genial: en lugar de asumir un derecho extranjero o de imponer el propio, concibe los usos y costumbres del tráfico comercial vigentes en el mercado internacional en Roma como un derecho universal, válido entre todos los pueblos, es decir, como *ius gentium*. Además declara a este derecho como positivamente válido –en Cicerón (*De officiis* III 69), el «derecho de gentes» tiene que ser también «derecho de ciudadanos» (*quod autem gentium, idem civile esse debet*)–, motivo por el cual, dado el caso, este «derecho de gentes» también puede ser impuesto a base de sanciones.

Esta invención surgida de la necesidad logra extenderse primero por toda el área mediterránea y más tarde aún más allá, debido a dos razones que apuntan al futuro y que bien podríamos calificar de modernas. Por un lado, el *ius gentium* renuncia a las prescripciones formales del *ius civile* romano, en parte de índole religiosa y, en sus orígenes, directamente mágicas, puesto que éstas son sólo accesibles a los ciudadanos ligados al ámbito sacro de la religión; aparte de que, debido a su complejidad, no son de carácter práctico, otorgando además una importancia excesiva al ceremonial externo frente a la voluntad de los participantes. El acuerdo informal, por ejemplo, el tratado meramente consensual, nunca tenía validez jurídica. Y esta renuncia apunta al futuro, como decíamos más arriba, tanto por su secularización del derecho como por la combinación de simplificación y flexibilidad (incluida una nueva forma del proceso judicial, ahora exonerada de formalismos atávicos) y, no en último lugar, por su concentración en el núcleo del acto jurídico, en la voluntad de los implicados. Voluntad que a su vez es establecida de acuerdo a cláusulas jurídicas generales como «*bona fides*» (de buena fe), «*dolus*» (dolo) o «*boni mores*» (las buenas costumbres, naturalmente sólo las del comercio jurídico, no las relativas, por ejemplo, al ámbito sexual).

Por otro lado, el *ius gentium* integra un supuesto jurídico fundamental, que hace época por ser lo que por primera vez posibilita que el derecho se centre en la voluntad de los participantes: nos referimos al supuesto de la soberanía (en derecho privado) del sujeto individual de derecho. Aquí se produce una segunda y diferente secularización. El individuo es reconocido en su individualidad como sujeto de derecho, independientemente de su pertenencia a un colectivo étnico o religioso así como de su rango social. Ello hace posible que, en el tráfico jurídico, un egipcio no sea tratado de modo diferente a un judío, y que ambos, sean ricos o pobres, no estén en desventaja frente a un ciudadano romano. Sin ningún tipo de reflexión jurídico-moral o incluso humanitaria, casi sólo incidentalmente y por motivos meramente pragmáticos, Roma introduce así una igualdad fundamental ante la ley e inaugura de esta suerte el universalismo de los derechos humanos. A diferencia de la Modernidad, esta igualdad ante la ley aún no es general, sino que rige preferentemente en el derecho contractual, en cambio no en el de familia o sucesorio. Y sobre todo quedan diferencias fundamentales respecto a la posición dentro de la ciudadanía: la mujer no tiene iguales derechos, por no hablar del esclavo. (Sobre el *ius gentium*, véase Ludwig Mitteis 1908 y Max Kaser 1993.)

Bajo consideración de las experiencias jurídicas de otros pueblos, el *ius gentium* se va complementando y perfeccionando a lo largo de generaciones hasta que, en el siglo II d. C., el jurisconsulto romano Gaio puede sintetizarlo como Derecho supraestatal, realmente universalista, y reconocido por todos los pueblos (civilizados: *omnes populi qui legibus et moribus reguntur*: Gaio I, 1). Y donde no impera este derecho, Salustio teme ya el advenimiento de la inmoralidad, la ilegalidad y la anarquía (*neque moribus, neque lege, neque imperio cuiusquam regebantur*: *Bellum jugurthinum* 18, 1). Un observador neutral, y a la vez sensible a los problemas de la interculturalidad, detecta sin duda en esta interpretación restos de un imperialismo jurídico-cultural. Ciertamente, aquel momento no es el del «gran imperialismo de la cultura jurídica» puesto que este «derecho romano» no corresponde al derecho particular de la república-ciudad de Roma, al *ius civile*.

Al haber sido desarrollado en una época determinada y para muchos pueblos, no para todos, no es tan universalmente válido pese a su carácter intercultural (faltan los germanos y los partos, aparte del Africa negra y, por supuesto, los primitivos pobladores de América), como para que negar sencillamente a cada norma jurídica discrepante su pertenecia al conjunto total del «derecho».

El ser humano como persona jurídica

El derecho penal romano no forma parte del *ius gentium*. De acuerdo a la monografía ya clásica de Theodor Mommsen, *Römisches Strafrecht* (derecho penal romano, 1899), «nuestra tradición no refiere el *ius gentium* a los asuntos delictivos, mas ello se debe sólo a la circunstancia de que las estrechas reglamentaciones del derecho civil formal no son aplicadas en absoluto a este ámbito» (p. 119). Aquí nos encontramos con un tercer modelo de respuesta. Ahora desaparece la diferencia entre ciudadano y extranjero ya que «el concepto de crimen, tanto público como privado, no está pensado para el ciudadano, sino para todo ser humano». Con esto emerge ya entonces un derecho humano, aunque naturalmente dentro de una comprensión objetiva –no subjetiva– del derecho, una ley penal universal para toda la humanidad: ya se trate de «asesinato, incendio provocado, robo, daños materiales», en todos estos casos se pregunta «únicamente por la culpabilidad ética, no por la posición personal del delincuente» (p.118). Frente a Mommsen hay que añadir que los delitos citados son considerados como violaciones del derecho por parte de toda persona, en la medida en que tácitamente se recurre, pese a todo, a un *ius gentium* ahora de índole penal: incluso «en el caso de adulterio, cuando éste era llevado al tribunal de lo criminal, no se ponía como base el matrimonio entre ciudadanos considerado en el derecho civil romano, sino un concepto más amplio que incluía a todos los matrimonios de extranjeros» (p. 119).

En la última observación aparece una condición del derecho humano objetivo o bien del derecho penal universal. Ella responde a la idea del *ius gentium*: para evitar todo peligro de hegemonía, se utilizan conceptos jurídicos amplios, suprarregionales, no ligados a una realidad local o regional. Y donde se falta a esta condición –por ejemplo, en el caso de herejía, el nuevo crimen de Estado ya introducido de por sí en los primeros tiempos del culto al emperador y, de nuevo, bajo forma distinta, con los emperadores cristianos– se produce manifiestamente una injusticia jurídico-moral, aparte del desastre político.

Federalismo jurídico-penal

En la jurisdicción de lo criminal, al derecho humano jurídico-penal se añade un fenómeno que incluso se acerca a un federalismo de corte jurídico-penal y que responde a la demanda hoy actual del «*no* a los jueces foráneos». Particularmente la mitad oriental del imperio, la parte griega o influenciada por Grecia, bien consciente de su cultura (también jurídica), mantiene para ciudades o Estados sometidos, el derecho a tribunales propios de lo criminal. Según Tácito (*Anales* 2, 55), el areópago ateniense sanciona todavía en la época imperial, a un falsificador. La autonomía jurídica de la mitad helénica del imperio se mantiene incluso hasta más tarde. Ello se debe a que «los magistrados romanos eran lo suficientemente inteligentes para no obligar a la aplicación plena de las instituciones romanas, ya que una profunda reorganización en este ámbito hubiera alarmado a los pueblos de las provincias orientales y alterado sensiblemente la economía, sin aportarles a cambio ningunas ventajas dignas de mención» (Kaser [15]1989, 31). Finalmente, en este modo de proceder también se puede reconocer por lo demás el principio pragmático, romano-universal, del traspaso de derechos de soberanía, un principio que la administración imperial romana aplicaba no sólo al derecho fiscal o aduanero, sino también al penal, transfiriéndolo así (aunque siempre con la posibilidad de revocarlo) a instancias establecidas a nivel local.

Este federalismo jurídico-penal se extiende incluso también a algunos delitos. Ello se debe a que no todos los delitos son reconocidos como tales en todas las partes del Imperio romano. Tal federalismo en lo delictivo, realmente asombroso, permite dos interpretaciones. O bien no todos los delitos tienen un rango de carácter humano-general, de manera que existen dos tipos de delitos: al lado de los delitos interculturalmente válidos existen otros específicos de una sola cultura. O bien hay «en última instancia» –lo cual significa aquí: tras una reflexión profunda– únicamente delitos humanos generales. Pero de entre ellos no todos son tan manifiestamente un delito, aunque sí algunos o tal vez incluso la mayoría, como serían los casos de «asesinato, incendio provocado, robo, daños materiales», a los que se podría añadir quizás el de falsificación, de manera que hayan de ser perseguidos en todo momento y lugar. Por el contrario, a otros les falta esa evidencia delictiva. Y aquí, al tratarse por ejemplo de acciones consideradas dentro una sociedad determinada, en general y sin conciencia de culpabilidad, como no delitos, se las puede tolerar con benevolencia durante algún tiempo por respeto a esas costumbres. En todo caso, los sacrificios humanos de los galos quedan ciertamente prohibidos para los *ciudadanos* romanos ya antes de Augusto, aunque es sólo más tarde cuando tal prohibición rige para todo el mundo en general (Mommsen 1899, 122).

El derecho de origen

El *ius gentium* con carácter jurídico-privado se hace necesario debido a un problema que es ajeno al moderno Estado tanto secular como territorial, pero que, por el contrario, para la antigua república-ciudad era inevitable: dado que una persona no alcanza el rango de ciudadano ni por subordinación a la soberanía territorial de un Estado –el Estado como corporación territorial– ni tampoco por pertenencia a una comunidad étnica, sino sólo a través de la participación en una asociación político-jurídica –el Estado como sociedad de carácter personalista–; e igualmente debido a que el derecho vigente en ese Estado se halla estrechamente ligado a normas religiosas y morales, rige el principio de la personalidad frente al de la territorialidad. Independientemente del domicilio, cada uno vive –y éste sería un quinto modelo de respuesta– según su derecho de origen (al respecto Giaro 1991, 49). En este sentido, *ius civile* significa literal y originariamente un derecho vigente para los *cives*, los ciudadanos en cuanto miembros de una *civitas*, de un Estado-ciudad, y exclusivamente para ellos; no significa un derecho civil en cuanto derecho privado por oposición al público. En este sentido, Cicerón refiere el *ius civile* a la *civitas* (*De officiis* III 69). Algunos teóricos del derecho natural de la época moderna, por ejemplo Achenwall, tan considerado por Kant (Achenwall/Pütner 1750, § 661, I), aún distinguen entre el *ius publicum* y el *ius privatum* dentro del *ius civile*.

Hagamos un balance provisional: a los primeros modelos de respuesta (1 al 4) es común que el extranjero no pueda pretextar su distinta manera de ser: de acuerdo al modelo del antiguo Israel no tiene derecho a tal distinción por ser tratado allí igual que el nativo; según el modelo del antiguo derecho romano, tampoco, por ser ahí juzgado de acuerdo a un derecho interculturalmente válido; según el modelo de derecho penal de la antigua Roma (en principio también en el antiguo Israel) tampoco es el caso, ya que este derecho contempla, por principio, a la persona sólo en cuanto tal. Mientras que el quinto modelo, el «federalista», da margen a peculiaridades regionales, es el sexto –la apreciación de los hechos de acuerdo al derecho propio, del país de origen– el que viene jugando un papel importante hasta nuestros días. Por ejemplo, cuando se trata de extranjeros con domicilio en Alemania, en cuestiones de derecho de familia se falla generalmente ateniéndose al derecho del país de origen (véase capítulo 12).

3. Un caso

En el modelo del derecho penal romano, el extranjero no puede pretextar su distinta manera de ser. ¿Pero qué ocurre cuando las cosas no sólo tienen importancia existencial, sino que también son de índole muy diferente, por ejemplo en el ámbito de los delitos sexuales y del matrimonio? Como ejemplo voy a construir un caso que se acerca mucho a uno ocurrido realmente: un senegalés acuerda con los padres de una menor, de origen igualmente senegalés, traer a la joven a Alemania y mantenerla en su casa; pasado un tiempo, el senegalés tiene relaciones sexuales con la joven, entonces de 16 años de edad.

Según el derecho penal alemán, el senegalés ha abusado sexualmente de una protegida. Puesto que –según el § 174 StGB (Código penal alemán)– incurre en un delito quien realiza «acciones sexuales con una persona menor de 18 años que le ha sido encomendada para que le preste asistencia... con abuso de la dependencia ligada a esta relación asistencial». Si víctima y delincuente fueran ambos alemanes, la sentencia no podría ser otra que la de «culpable». Mas, según la información facilitada por la joven senegalesa, a la que el juez da crédito, es perfectamente normal en todo el Senegal que una mujer se «entregue» sexualmente a su protector, a alguien que la ha acogido en su casa y que la mantiene. La joven hace constar también el hecho de que ella ha actuado por voluntad propia, sin ningún tipo de presión. ¿Como juzgar entonces el caso?

Un caso distinto sería el de un árabe que en Alemania contrae matrimonio con una segunda mujer –algo permitido en su país de origen pero que Alemania se prohibe como bigamia (§ 5 ley de matrimonio, § 171 StGB). Lo complicado del caso: el árabe está ya casado en Alemania y va a su país de origen sólo con la finalidad de desposar a una segunda mujer, volviendo luego a Alemania para convivir aquí con ambas mujeres.

Más fácil de resolver sería el caso de un ciudadano turco que en Turquía cohabita con su hija de 20 años, es decir, mayor de edad según el Derecho turco, y previo asentimiento de ella: como quiera que el hecho ha sido cometido por turcos en Turquía, y allí este hecho no es punible (debido a la mayoría de edad de la hija, no cae bajo el art. 416 III, 417 del Código penal turco), no se puede aplicar el derecho penal alemán (según § 7 II StGB) (véase Código civil alemán, BGB, resolución de 26-11-1996/I StR 626/96). Más difícil sería, por el contrario, el caso de un padre turco que hace venir desde Anatolia a su hijo, que acaba de cumplir 14 años, para que mate a su hermana (preferida) por haber contravenido ésta los rigurosos conceptos turcos del honor. Naturalmente que aquí la dificultad no radica en diferencias del derecho penal: el Derecho turco tampoco permite tal venganza, y ni siquiera prevé las correspondientes circunstancias atenuantes (Turquía adoptó en 1926 el derecho penal italiano de 1889; véase capítulo 15). Aquí se trata de un conflicto inmanente a la cultura: por el lado normativo, entre una reacción arcaica y otra «moderna» frente a violaciones del honor; por el lado de los delincuentes, entre la obediencia al padre y el amor a la hermana (el hijo queda psíquicamente destrozado después del hecho). El sentido común moral nos dice, y no en último término, que el joven es aquí objeto de abuso moral por parte del padre.

Sin duda que no escasearán en el futuro casos para las variantes de nuestra tercera pregunta, habiéndose convertido ya incluso en casos de notoria relevancia política. Ejemplos: el derecho penal que se aplica en países islámicos, inhumano según la escala de nuestra cultura jurídica por incluir horrorosos castigos corporales (si bien es cierto que cada vez con menos frecuencia, véase Tellenbach 1998); al apaleamiento de un norteamericano con residencia en Singapur; o bien las protestas internacionales contra el trabajo y la prostitución infantiles en el sudeste asiático. Aquí no es atípico de la política que se mida según dos criterios distintos: mientras que Estados Unidos protesta contra el apaleamiento de su ciudadano en Singapur, no está dispuesto a escuchar las protestas internacionales contra la pena de muerte aún vigente en varios de sus Estados federales, o contra un régimen penitenciario que en muchos lugares es tan inhumano que ya se acumulan las demandas constitucionales. Mas, una política que mida con doble criterio contradice de la manera más evidente la idea fundamental de la moral jurídica, es decir, la igualdad de trato.

Permítaseme otra observación más sobre la experiencia del derecho penal, de la que el filósofo no es el especialista competente, pero de la que sí debe estar informado: según referencias de abogados con experiencia profesional, en Alemania no se recurre prácticamente al argumento de «como extranjero no lo sabía». Al contrario, más bien hay extranjeros que conocen el derecho penal pertinente mucho mejor que el alemán corriente, y que detectan las correspondientes «lagunas». Así, por ejemplo, los narcotraficantes utilizan a menores para sus fines; y no faltan casos de robos sistemáticamente organizados por bandas de niños adiestrados para ello.

Un problema en sí lo constituye la tradición india de la quema de viudas (aunque, al haber sido prohibida su práctica en 1829 por el gobierno colonial británico, es posible que apenas se presenten más casos): cuando una viuda se somete por sí sola a esta práctica, ella está libre de culpa por tratarse de un «simple» suicidio. La cuestión se complica cuando la quema es festejada como ceremonia social; entonces se plantea la cuestión acerca de la omisión del deber de socorro; y como el apoyo de familiares y vecinos forma parte de la fiesta tradicional, todos ellos se hacen culpables de la llamada complicidad con el suicidio. Manifiestamente punible sería en todo caso que las mujeres incitaran o incluso obligaran a ser quemadas cuando enviuden. Otro problema más, esta vez en el campo de la política penal, se deriva de la diferencia de trato de hombres y mujeres. Mientras que las mujeres deben dejarse quemar tras la muerte de su marido, no se exige lo mismo a los hombres tras la muerte de sus esposas.

4. La moral jurídica

La prolongación natural del *ius gentium*, una moral jurídica universal exigible a todos los seres humanos de todas las épocas, ofrece el marco teórico para juzgar tales casos. Sin embargo, con el concepto de moral jurídica se introduce al mismo tiempo una separación entre derecho y moral, defendida ciertamente por muchos pero que simplifica la problemática.

La filosofía moral y jurídica se contenta últimamente con una doble diferenciación. Separa la moral en sentido positivo, la encarnación suprema de la ética, los usos y las costumbres, de la moral en sentido crítico, de la moral en cuanto compendio de obligaciones supremas no relativizables. Y de ambas, diferencia a su vez el derecho. El concepto de moral del derecho presupone una diferenciación adicional, que se da dentro de la moral crítica: la moral jurídica marca esa parte de la moral crítica cuyo reconocimiento se deben las personas recíprocamente. A diferencia de otras aportaciones añadidas merecidas, esta parte no sólo puede ser pedida, sino también reclamada por otros. A esta parte pertenecen, por ejemplo, los derechos humanos, mas no la compasión y la benevolencia. Esta moral debida permite juzgar el derecho vigente, aunque no en lo que concierne a su validez: la legalidad (positiva), sino en lo que toca a su validez moral: la legitimidad.

A la clásica filosofía moral y jurídica hace tiempo que le es familiar esta tercera diferenciación: la practicada entre la moral debida y la moral merecida. Aristóteles la conoce como diferencia entre ética y filosofía política y, dentro de la ética, en forma de diferentes conceptos de virtud. La virtud que corresponde a la moral jurídica, la de la justicia, es objetivamente un *meson pragmatos*, un núcleo central de la cosa independiente del sujeto (*Ética a Nicómaco* V 6, 1131a, 14s.), mientras que las otras virtudes son un *meson pros hêmas*, un núcleo central para nosotros (II 6, 1106a 36s.; véase Höffe [2]1999, capítulo 14). En la filosofía del derecho de la época moderna, ya Christian Thomasius ([4]1718, libro I, capítulo 6, §§ 40-42, 177), un importante representante de la temprana Ilustración en Alemania, distingue expresamente entre una moral referida a uno mismo (*honestum*), una justicia coercible en el trato exterior (*justum*), y la decencia social (*decorum*) situada entre ambas, y que apunta al bienestar de los congéneres. Y con toda claridad conceptual, Kant distingue entre una legislación jurídica y otra ética (directa), pero que en ambos casos es moral (véase *Rechtslehre*, «Introducción a la metafísica de las costumbres», capítulo III: Sobre la división de una metafísica de las costumbres) o bien entre una teoría del derecho y una teoría de la virtud (véase *Tugendlehre*, «Introducción», especialmente caps. V-VII). Ciertos positivistas jurídicos ponen en duda esta diferenciación, mas lo hacen de manera menos argumentativa que tácita, por omisión.

A favor de la diferenciación adicional habla la manera fundamentalmente diferente con que respondemos al menosprecio. En la segunda parte de la moral crítica, el aporte añadido merecido, reaccionamos con decepción y, en casos extremos, con desprecio; en la primera parte, del mínimo debido, con protesta e indignación. En relación con la mera decepción, la indignación representa la reacción más enérgica, con lo que reconocemos para la correspondiente moral una exigencia más rigurosa. La moral cuyo menosprecio «sólo» merece decepción, la moral de la virtud, es la suma de aportes añadidos merecidos («plusmoral»). Como compendio de las correspondientes obligaciones frente a otros, ella está referida, por ejemplo en la forma de compasión y benevolencia, al bienestar de los congéneres, es decir, a la felicidad ajena y, en cuanto suma de las correspondientes obligaciones para consigo mismo, a la perfección propia. La indignación, por el contrario, se dirige contra el menosprecio de aquella moral básica y elemental («moral mínima»), a cuyo reconocimiento las personas tienen un derecho (moral). El que esta moral corra paralela con poderes coactivos, no se basa en la circunstancia de que esté en juego el mínimo elemental, sino en la de que uno se deba a sí mismo esa parte. Y el poder coactivo significa que la moral jurídica es jurídicamente exigible, si bien, en un primer momento, sólo en principio.

El sustantivo «moral» en la expresión «moral jurídica» apunta al hecho de que aquí no se trata directamente del Derecho positivo. Lo que expresan los determinativos *dikaion* y *justum*, en griego y latín respectivamente, y lo que está en primer plano en el refrán «haz el bien y no mires a quien», apunta a la discusión de un ámbito de la moral crítica. De ahí deriva también un tipo especial de poder coactivo. En el caso de la moral jurídica, éste no se realiza en la «sanción dura» del derecho positivo, en la multa o pena privativa de libertad, sino en la forma que es peculiar de la moral crítica, en una «sanción blanda»; sin embargo, al tratarse de la moral jurídica, no lo hace en su versión débil, la decepción, sino en la más vigorosa, la de la protesta e indignación. Y tales reacciones significan mucho más que un juicio de valor meramente moral. Se trata de actos de habla que desde su contenido señalan y exigen transformaciones de la realidad: quien protesta o se indigna está exigiendo *eo ipso* que se cambie la situación en cuestión.

Además, el determinativo «jurídica» se ha de entender en un doble sentido, tanto objetivo como subjetivo. Moral jurídica significa aquella moral cuyo reconocimiento no ha de ser sencillamente deseado o esperado, sino, sobre todo, exigido: existe un derecho subjetivo a su reconocimiento, un derecho a exigirla. Y por este motivo, el concepto de moral jurídica exige que ésta no sólo sea coercible en el sentido «blando», moral, sino también en el positivo, al ser integrada en el derecho positivo vigente, con todas sus duras sanciones. La moral jurídica somete a todo ordenamiento jurídico positivo a una pretensión moral, la cual, en la medida en que ella es admitida, lo caracteriza como legítimo o justo y, en el caso de ser rechazada o incluso «pisoteada», de injusto.

Esta exigencia se presenta a tres niveles. El primero y elemental reza: el derecho debe regir entre las personas. Se trata aquí de la moral *constituyente* y *legitimadora* del derecho que exige, en general, conformar la vida de acuerdo a estructuras jurídicas, de manera que, en lugar de opiniones y poderes privados, aparezcan normas comunes, y se posibilite también su realización («pública») común, es decir, que impere el derecho.

A un segundo nivel, la moral jurídica dispone que se reconozca con todo rigor la forma jurídica y sus normas; todo caso afectado por la norma, al igual que toda persona afectada, han de ser tratados en conformidad con la norma, es decir, con igualdad. Esta moral *realizadora* del derecho reside en el precepto de la igualdad ante la ley y, en sus versiones negativas, en las interdicciones de la arbitrariedad y de la parcialidad, o bien, en versión positiva, en la neutralidad. Ambas partes se expresan subsidiariamente, con miras a la imposición, en reglas de procedimiento como las citadas anteriormente: nadie sea juez en un asunto propio; escúchese también a la otra parte; el uno reparte, el otro elige; y, en derecho penal, lo decisivo es la presunción de inocencia del acusado así como el principio: ninguna pena sin una ley (previamente conocida).

Los dos primeros niveles de la moral jurídica no admiten discusión: aceptados prácticamente por todas las culturas, forman parte de la herencia común de justicia de la humanidad. Por el contrario, el tercer y último nivel está aceptado en lo esencial, pero no por doquier. La moral *normadora* del derecho está constituida sobre todo por la democracia y los derechos humanos. Mientras que los dos primeros niveles, la forma jurídica de la convivencia y el precepto de la igualdad ante la ley, contienen sólo un mínimo de moral jurídica, o sea, un mínimo de la moral mínima o minimínimo, el tercer nivel consiste en un incremento o bien en una ampliación total de las pretensiones depositadas en el mínimo con poder coactivo. Aunque también hay que observar que no todos sus elementos tienen que darse simultáneamente. La Atenas clásica permite la esclavitud y el trato desigual de la mujer –como curiosamente también lo permite el Estado de la primera Declaración de los Derechos Humanos, Virginia–, es decir, violaciones manifiestas de la idea de los derechos humanos, mientras que la democracia, aquí entendida como forma de Estado y de gobierno, la practica de manera aún más tenaz que la Edad Moderna. A la inversa, puede haber Estados que prohiban la esclavitud, otorguen igualdad a la mujer y reconozcan los derechos de libertad, pero que no tienen una constitución democrática. Y hasta el día de hoy existen democracias que, de entre los derechos humanos, (casi) sólo reconocen los de libertad, mas no los derechos humanos sociales o su correspondiente carácter político social. En este sentido, el tercer nivel de la moral jurídica consta de tres niveles parciales –los derechos humanos como derechos de libertad, la democracia con los derechos de cogestión por ella definidos, y un porcentaje de derechos humanos de carácter político social. A su vez, estos tres niveles parciales pueden estar realizados también en diferente medida.

Un orden social que reconoce la moral jurídica del primer nivel y que se estructura en forma jurídica, pero que aún no la aplica con todo rigor, sólo es «moralmente legítimo en principio». Por su parte, un orden social que ya se halla en el segundo nivel y que reconoce rigurosamente la forma jurídica, al que la arbitrariedad y la parcialidad le son por tanto ajenas, al menos en general, puede ser considerado como «en cierto modo legítimo». «Plenamente legítimo» lo será únicamente cuando también estén reconocidos los derechos de libertad, la democracia y la condición de Estado social tan relevante para los derechos humanos. Como quiera que en lugar de «moral jurídica» también se habla de «justicia (política)», existe igualmente una justicia (política) en principio, otra media y otra plena.

No sólo el contenido de la moral jurídica puede darse con diferente profundidad, sino también su lado formal, el carácter crítico. Cuando en nombre de la tradición se critica el derecho vigente, se está recurriendo simplemente a una positividad distinta, a la tradición. La moral jurídica será crítica en sentido pleno sólo cuando se remita, en última instancia, no a las tradiciones dependientes de una cultura o época, sino únicamente a la razón humana universal, enriquecida con las experiencias de toda la humanidad. Una filosofía moral que se atenga sólo a estos dos factores, a la combinación de razón universal con la experiencia igualmente universal, sustentada por la *conditio humana*, puede reclamar con toda razón la categoría de universal.

Algunos teóricos liberales del derecho penal, desde Mill (1859) hasta Feinberg (1984ss.), rechazan expresamente un derecho penal paternalista que tome como base de una intervención el detrimento o lesión de sí mismo («*harm to oneself*»). El concepto aquí desarrollado de moral jurídica concuerda en el resultado con ello, si bien aduce un argumento más fundamental, la diferenciación entre deberes de derecho y deberes de virtud: quien se perjudica a sí mismo, infringe ciertamente un deber de virtud contra sí mismo: mas el deber relativo al propio perfeccionamiento no tiene ningún carácter jurídico, y mucho menos penal.

Por lo demás, al igual que no se puede diseñar una silla concreta a partir de criterios tales como duración y comodidad, tampoco se puede derivar de la moral jurídica una institución concreta aunque sólo sea su articulación exigible en forma de obligatoriedades jurídicas. En sentido teórico-cognitivo –como veremos más adelante en el capítulo 13–, los principios de la moral jurídica constituyen sólo un esbozo normativo que, a la espera de toda una profusión de elementos adicionales, aún no ofrece un «cuadro acabado»: ni una institución precisa ni tampoco una norma jurídica bien definida. Y como quiera que estos elementos adicionales dependen de condiciones marginales empíricas y peculiaridades culturales y, en parte, también de meras convenciones, tenemos: primero, que no se puede fundamentar un derecho penal concreto exclusivamente desde una perspectiva filosófica y, segundo, que, incluso en el caso de iguales principios de moral jurídica, pueden darse configuraciones sumamente diferentes y, en consecuencia, un derecho penal diferente en las culturas.

5. La globalización como desafío

Desde los griegos se considera natural que la filosofía tenga pretensiones de universalidad. Sin embargo, en el lado de los comunitaristas observamos la tendencia a convertir a un filósofo de la gran moral y de la justicia, a Aristóteles, en el garante de una moral sólo particularmente válida (en el caso, por ejemplo, de MacIntyre 1987). Aristóteles, escéptico frente a principios universales, abogaría según ellos por las formas particulares de vida de las pequeñas comunidades. Pero si leemos los textos aristotélicos pertinentes descubriremos, por el contrario, una moral rigurosamente universal. En lugar de remitirse al uso (*nomô*), Aristóteles aboga por instancias prepositivas y suprapositivas (*physei*). En ningún lugar defiende costumbres y tradiciones que no se hayan evaluado previamente de acuerdo a obligatoriedades rigurosamente universales y, en última instancia, conforme a su principio moral de la felicidad (*eudaimonia*) y la razón (*logos*) en tanto logro característico del ser humano (véase Höffe 1998).

Como consecuencia de un nuevo fenómeno, la globalización, ahora se cuestiona la pretensión de universalidad de la moral jurídica en un doble sentido. Por un lado hay demanda de ella: para regular condiciones globales se precisa de una moral jurídica de validez igualmente global. Por otro lado se pone en duda la moral jurídica hasta ahora conocida: ¿están inspirados los principios vigentes realmente por experiencias humanas universales, y fundamentados a partir de la razón humana común? ¿Son en consecuencia obligatorios para toda la humanidad? ¿Puede ser que so pretexto de universalidad se esté defendiendo una moral jurídica sólo particularmente válida? La sospecha formulada de esta manera lleva el nombre de etnocentrismo. Según ella, en la base no estaría una razón humana universal, sino sólo una de sello europeo-norteamericano o, como mínimo, infiltrada de elementos de origen europeo y norteamericano; y allí donde se trate de imponer tal razón se producirá una nueva forma, más refinada, de colonialismo o imperialismo, un imperialismo cultural que, en nuestro contexto, adoptaría la forma de imperialismo jurídico-cultural. La correspondiente crítica, primeramente sólo expuesta en debates entre intelectuales, ha alcanzado entretanto también el campo de la política. En el sudeste asiático, por ejemplo, se echa mano del argumento citado para hacer frente a la crítica desde los derechos humanos al trabajo infantil.

Al primer aspecto de la globalización lo llamamos cometido global; al segundo, desempeño global (en lugar de regional o particular). Solamente allí donde falta una conciencia histórica se considera como totalmente nuevo este doble aspecto. Para demostrar lo contrario basten dos referencias conscientemente extrínsecas. La primera concierne al predecesor de una moral jurídica con cometido global, al derecho internacional público, ahora en el sentido de un *ius inter gentes*, un derecho regulador de las relaciones entre Estados, un «derecho interestatal». En la teoría del derecho, sus conceptos los definió por primera vez el español Francisco de Vitoria, un representante de la escolástica tardía, en sus *Relectiones de Indis recenter inventis et de iure belli hispanorum in barbaros* (1539/1952), un tratado sobre los indios recientemente descubiertos y sobre el derecho de guerra de los españoles frente a los bárbaros: «*Quod naturalis ratio inter omnes gentes constituit, vocatur ius gentium*» (lo que la razón natural establece entre todas las gentes (pueblos) se llama derecho de gentes; part. 3, núm. 2).

Para Vitoria, el derecho de gentes es un derecho filosófico, prepositivo y suprapositivo, que permite regular un problema jurídico nuevo, las relaciones con los primeros pobladores de la América central y septentrional. Primeros intentos en esta materia, aquí en el sentido de un derecho internacional positivo, ya se pueden constatar en épocas más antiguas. Ya en el pasado remoto, aunque sin recurrir a la razón natural, se regula jurídicamente la coexistencia interestatal, como mínimo durante tres grandes fases: (a) en el año 3100 a. C. (más bien hacia el 2440, según Cooper 1986, 14) se firma un tratado entre los Estados-ciudad mesopotámicos de Lagasch y Umma –como se puede leer en la llamada estela de Geier (Cooper 1986, 33-39)–; también están reguladas jurídicamente, de 1450 a 1200 a. C., las relaciones entre Egipto, Babilonia y el imperio hetita y, temporalmente, también con el imperio de los mitanni y el imperio asirio medio; (b) una situación parecida se da entre el 600 y el 322 a. C. (fin de la democracia ateniense) en lo que concierne a las relaciones de las repúblicas-ciudad griegas entre sí y con Persia (hasta el 333 o 330 a.C.) y Cartago; (c) y finalmente también, desde mediados del siglo IV hasta el año 168 a. C., las relaciones de Roma con Cartago y, más tarde, con los tres imperios helénicos, tienen también carácter de derecho internacional (véase Preiser 1978, 105-126; Ziegler 1994, 45-53).

La segunda referencia conscientemente extrínseca apunta al concepto de razón. Contra el supuesto de que la filosofía griega logra un concepto de razón meramente europeo, habla por un lado el hecho de que este pensamiento también tiene raíces no griegas (ideas provenientes de Egipto, Babilonia, tal vez incluso de la India) y además que, transmitido a través de sirios cristianos –caso de las obras de Aristóteles– es integrado en el ámbito cultural árabe islámico (y, a través del imperio heleno-báctrico en los siglos III y II a. C., incluso en la India). Desde el mundo árabe, a partir del los siglos VII y VIII d. C., pasa luego al judío, para volver nuevamente, desde principios del siglo XII, a repercutir en el pensamiento occidental (véase Höffe [2]1999, capítulo 12.2).

La actual globalización tiene lugar al menos en tres dimensiones, y en todas ellas tiene importancia la moral jurídica. *En primer lugar* tiene carácter global una tendencia: la propensión de una forma de civilización a imponerse con progresiva intensidad en cada vez más regiones del mundo. Una tal tendencia aún no se puede imponer allí donde se practica una religión «única» –el budismo antiguamente, en otros lugares el cristianismo, o el islamismo hasta hoy– o una ideología (el socialismo), una particular forma de sociedad (la civilización europea), o bien una lengua (el inglés americano con toda la cultura concomitante). Al producirse tal expansión surge sin duda un variopinto ramillete de elementos comunes pero que aún no constituyen una civilización propia. De ella se habla con justeza sólo cuando confluyen más aspectos, entre los que no pueden faltar factores tan elementales como la economía y el derecho.

Incluso en el caso de que estos y otros factores sean elementos de unión, sólo se desarrolla a lo sumo una *forma* de civilización común, mas no una sociedad en sentido literal, una sociedad concreta. Muy al contrario: en consonancia con la autoconciencia y vitalidad de los grupos en cuestión perdura una variedad de costumbres, lenguas, religiones (o también un empobrecimiento religioso), aparte de diferencias del derecho positivo y de la cultura política. Sin embargo, pese a tales diferencias, hoy se impone *de facto* un conjunto de cinco factores como mínimo: el complejo de ciencias naturales, medicina y técnica; la administración racional; la tríada formada por democracia, derechos humanos y división de poderes; ciertos intentos en dirección a un Estado social; y, sobre todo también, una red global de medios y de cultura medial.

No sólo tiene importancia global la acción conjunta de estos cinco factores, sino también, y *en segundo lugar*, la tarea derivada de ellos de sujetar a sociedades y formas sociales aún diferentes, en todos los lugares en que se encuentren obligatoriedades comunes y, en principio, coactivas, es decir, obligaciones jurídicas. De esta suerte, la comunidad mundial de destino adquiere una dimensión nueva: a la interrelación económica, cultural, política y también ecológica, se suma, al menos como tarea, la coexistencia jurídica.

En *tercer lugar* aparece también como global un movimiento opuesto a la primera dimensión de la globalización: en las sociedades occidentales aparecen individuos y grupos de sociedades en parte extremadamente diferentes. Y es precisamente este movimiento contrario el que confiere la relevancia actual a nuestra pregunta: ¿pueden ser sometidos a las obligatoriedades jurídicas nacionales estos huéspedes (transitorios o permanentes)?, ¿o conservan un derecho a su peculiaridad, que va más allá de los usuales derechos de libertad de un ordenamiento jurídico liberal, o que incluso entra en conflicto con estos derechos?

En la primera dimensión de la globalización, la moral jurídica aparece desde un principio en su forma más alta. A la forma de civilización en proceso de expansión pertenecen la democracia y los derechos humanos al lado de las tentativas en dirección a un Estado social. Para la dimensión (interestatal) y para la tercera dimensión (nacional) son concebibles por el contrario los tres niveles de la moral jurídica: un reconocimiento inicial, un reconocimiento medio y un reconocimiento pleno de la moral jurídica.

6. ¿Europeización o modernización?

Es bien conocido que las denominaciones nunca son rótulos neutrales desde el punto de vista del contenido y valor que se asigna al objeto designado, ni «etiquetas» intercambiables sin mayores consecuencias. Por eso, la manera en que se designa la forma de civilización global que hoy se perfila, tampoco carece de importancia. Esta forma de civilización se concibe a sí misma como moderna, o también como liberal, arrogándose el derecho a sustituir a otra forma de civilización más antigua, y al mismo tiempo superada, por limitar, entre otras cosas, la libertad. En cualquier lugar donde se saluda con aplausos esta nueva forma de civilización, no es su autodenominación lo único que presenta problemas; sino que además, allí donde desarrolla una dinámica propia, se le otorgan los calificativos de moderna y liberal. Por el contrario, hay voces críticas que resaltan su origen regional, por ejemplo las provenientes de los Estados islámicos, de China o del sudeste asiático; hablan de la sociedad europea, europeo-(norte)americana, del Oeste, ocasionalmente también de la sociedad de poniente u occidental, despertando con estas denominaciones –muchas veces con plena conciencia y fines políticos– la sospecha de etnocentrismo o bien de imperialismo cultural. Temen una nueva edición de la «clásica» antítesis entre «cultura (civilización) y barbarie», o bien, entre «civilizados y salvajes».

De hecho, con tales alternativas, ciertos pueblos han reclamado su superioridad frente a otros: tal fue en la antigüedad el caso de los griegos y, más tarde, de los romanos; y, en la Edad Moderna, de las potencias coloniales, sucesivamente: España, Portugal, Gran Bretaña, Francia, incluso Bélgica y los Países Bajos. La propia lengua y cultura fueron declaradas modelo y medida que los demás aparentemente perdían en perjuicio propio, por lo que no raras veces eran obligados con argumentos paternalistas a adoptar tales patrones. Al menos desde Herder (1784/1989) se reconoce la igualdad de derechos de lenguas y culturas, un principio contra el que atentaría la cultura europea –así afirma la crítica al etnocentrismo– al reclamar para sí la denominación de «moderna». Los críticos de la crítica, por ejemplo el japonés M. Kitamura (1992, 5) objetan en su contra: «Pese a que la civilización moderna se formó en Europa occidental, tiene un valor universal. No podemos asentir ni al etnocentrismo que considera como única la civilización europea, ni tampoco al niponismo, que ve a esa civilización como únicamente válida para Europa». Por su parte, el historiador Greenblatt (1994, 13) previene en general contra un «determinismo ideológico apriorista», contra «la opinión de que determinados modos de representación se hallen *per se* necesariamente ligados a una determinada cultura, clase o ideología».

Ciencias naturales, medicina y técnica

La cuestión de cuál de ambas denominaciones es más exacta –«moderna» (y liberal), u occidental–, se decide a partir de la pregunta sobre si el origen regional es únicamente responsable del génesis de la cosa en sí, o bien, adicionalmente, si ese origen pasa a formar parte de su «esencia». En el caso del primer factor, del complejo «ciencias naturales, medicina y técnica», no es difícil la respuesta: (a) ni la tarea básica de toda ciencia, el *logon didonai*, el presentar argumentos demostrables, está ligada a una cultura regional, (b) ni la intensificación de la posibilidad de comprobación por el examen experimental, (c) ni tampoco la intención tanto utilitaria como humanitaria de este triple complejo, su preocupación por la salud de la persona y por hacerle más llevadera la vida.

Las ciencias naturales, la medicina y la técnica se pueden desarrollar en cualquier lugar donde se otorgue el espacio necesario a las dos fuerzas motrices correspondientes. Por un lado, se ha de dar plena libertad a la curiosidad propia de la persona, de la que ya habla Aristóteles al principio de su *Metafísica* (I 1), y que podemos constatar fácilmente en el desarrollo tanto de los individuos como de la humanidad en conjunto, es decir, ontogenética y filogenéticamente. Por otro lado, también se ha de liberar algo de índole no menos universal enraizado en la persona: la ya mencionada intención utilitaria y humanitaria. En ambos casos existen naturalmente movimientos opuestos, lo cual hace que los correspondientes procesos emancipatorios puedan resultar difíciles y prolongarse por mucho tiempo. Puede que se hable por ello de una renovación positiva, de una modernización; sin embargo, lo que aquí se fomenta paulatinamente hacia su pleno desarrollo es una disposición humana universal, una capacidad primero sólo germinal; la modernización se realiza en forma de un proceso inmanente de desarrollo y perfeccionamiento.

Como quiera que las fuerzas motrices básicas son de naturaleza humana universal, sus resultados, es decir, el estado actual de las ciencias naturales, la medicina y la técnica, no tienen un carácter cristiano, socialista o islámico, ni tampoco el opuesto: anticristiano, antisocialista o antiislámico. Ni la curiosidad intelectual, ni el interés por la salud y el alivio de la vida, son invenciones de la Edad Moderna europea; ni tampoco son, como se suele afirmar, de índole antirreligiosa. De la antigüedad conocemos importantes naturalistas, médicos famosos como Hipócrates y Galeno, aparte de destacados ingenieros (y matemáticos) como Arquímedes. La cultura árabe islámica, aproximadamente entre los siglos IX y XI, asume el liderazgo intelectual en las ciencias naturales y en la medicina. En India y China se desarrolla una cultura autónoma en ciencias naturales, medicina y técnica. Y en ninguna de estas sociedades las ciencias naturales, la medicina y la técnica, en cuanto tales, se dirigen contra la religión.

Por lo demás, esta tríada no se impone con medios violentos, sino por ser aceptada voluntariamente, muchas veces incluso con verdadero entusiasmo. Las ciencias naturales, la medicina y la técnica, irradian una sugestión tan grande que acaba con toda resistencia. Y así adquieren una dinámica propia ya sólo por la circunstancia de que prometen una ventaja capaz de convencer a personas de las más diferentes culturas. Las ciencias naturales, la medicina y la técnica, incrementan un saber y una capacidad que la humanidad desde siempre anda buscando. Las enormes posibilidades de poder que desarrollan en el transcurso del tiempo se hallan al servicio de fines universales de la naturaleza humana: mitigar las necesidades materiales; la lucha contra epidemias y enfermedades; la reducción de las fatigas del trabajo. Por encima de ello, la correspondiente capacidad de altruismo se asocia perfectamente al lado práctico, y además moral, en las religiones: a aquel discurso en favor de la compasión y el amor al prójimo en el que éstas concuerdan esencialmente, y aun en el caso de competir a nivel dogmático. También por este motivo no es correcto afirmar que las ciencias tengan carácter antirreligioso.

El incremento de poder es naturalmente ambivalente, puesto que cada ciencia puede ser objeto de abuso e incluso aplicada con fines directamente destructivos: si no existiesen las ciencias naturales y la técnica no tendríamos el enorme y alarmante potencial militar de nuestros días. Aparte de que las ciencias también conllevan riesgos incluso allí donde se hallan al servicio de la humanidad. Algunas investigaciones constituyen en sí mismas un peligro; otras se cuentan entre los motores que impulsan el cambio de la sociedad aunque sin determinar la dirección, incluso sin conocerla; a su vez, otras socavan, queriendo o sin querer, tradicionales formas de vida y familiares modelos de orientación. Por ello, el incremento de poder de las ciencias naturales, la medicina y la técnica, no es ilimitadamente positivo. Aparte de que refuerza la *hybris* de las personas, tiende a las fantasías de poder absoluto. Mas también el conjunto de estos efectos colaterales negativos no es de índole regional, sino humana universal. Una prueba muy simple: Caín usa la azada inventada primero para el cultivo de la tierra con un fin distinto: para matar a su hermano Abel.

Debido a estos efectos colaterales negativos, la civilización global precisa, aun para asegurar su misma continuidad, de aquel contrafundamento que conduce al diagnóstico de «La moral como precio de la Modernidad» (*Moral als Preis der Moderne*, Höffe [3]1995). En nuestro contexto importa el siguiente complemento: como se trata de asegurar la continuidad o, aún más, la supervivencia de la humanidad, hay demanda del porcentaje debido de la moral. La moral jurídica no se presenta por tanto meramente como factor propio de la civilización global; es además un necesario contrapunto frente a los riesgos que acechan dentro del complejo «ciencias naturales, medicina y técnica».

Administración racional

Algo similar ocurre con el segundo factor de la civilización global, con la administración racional de los recursos económicos. Su eficiente manejo de trabajo, capital y reservas naturales, crea ventajas capaces de convencer a personas de diferentes culturas; representa a su vez una renovación positiva, una modernización, aunque en el sentido de un desarrollo de las facultades e intereses humanos universales. El resultado se presenta en un principio como totalmente positivo: consiste, sin duda, en una riqueza económica hasta ahora desconocida.

En la base del desarrollo de la racionalidad económica, en el lado subjetivo donde radican las fuerzas motrices, hay un proceso de transformación. Desde siempre el ser humano corre un riesgo, que los griegos llamaban *pleonexia*, un querer siempre «más y más y mucho más», una desmesura respecto a las necesidades e intereses. Igualmente conocemos desde los griegos, como terapia, la *sophrosyne*: la medida y la circunspección. Y debido al carácter universal de ambos fenómenos en la naturaleza humana, este peligro y su terapia los encontramos también en otras culturas, por ejemplo en la sabiduría del antiguo Egipto y en la ética de la India y China. Con los comienzos de la economía racional de la Edad Moderna, en el curso de los siglos XVII y XVIII, se produce un cambio radical de mentalidad. De unas pasiones que en cuanto tales son sospechosas de ilegitimidad, o también de ser vicios ilegítimos *per se*, nacen ahora fuerzas motrices neutras: los intereses. La vituperable «envidia», por ejemplo, se convierte en admirada «competencia económica», y la reprochable «avidez» adquiere el rango de elogiable espíritu comercial. Poco después, la civilización global presentará de manera prácticamente inevitable los rasgos de una sociedad de consumo.

Pese a que la opulencia económica da satisfacción a las «necesidades desatadas», ninguna sociedad es jamás lo suficientemente rica como para satisfacer todas las necesidades e intereses de sus miembros. Por este motivo es bien posible que la desenfrenada *pleonexia*, en combinación con el espíritu de competencia de la administración racional, sea responsable de un fenómeno asombroso: «Los más pobres de los pobres en el sur de Madagascar o en el noroeste del Brasil, privados de toda base material segura para la vida, disponen de una energía vital, incluso alegría, de una capacidad imaginativa y de un gozo de la vida, que hace tiempo han olvidado las gentes de las culturas industriales. Ellos bailan, nosotros no» (v. Barloewen 1996).

Aparte de ello, dos desarrollos negativos van de la mano de este desenfreno de las necesidades: se produce un crecimiento demográfico que va unido al empobrecimiento e incluso depauperación de grandes grupos. Además se da una explotación excesiva de las reservas naturales, y quizás también de las sociales y culturales. Aunque sólo sea para asegurar estas reservas, nuevamente tenemos necesidad de la moral como contrafundamento y, en la medida en que sea capaz de operar en este campo, la precisamos en su calidad de moral jurídica.

La circunstancia de que los factores enumerados dependen de Europa sólo en su génesis, e incluso en este punto no tan sólo de Europa y, por añadidura, el hecho de que la religión predominante en Europa, el cristianismo, tiene una participación aún reducida porque hay otros elementos, como mínimo, tan importantes –el pensamiento precristiano greco-romano, el desarrollo de una cultura urbana, el comercio y los descubrimientos, etc.– que tienen una consecuencia importante: la autoconciencia de otras culturas queda menos vulnerada por la marcha victoriosa de la civilización global, de lo que sería el caso si el origen étnico y la confesión religiosa tuvieran un peso mayor en estos desarrollos.

La autoconciencia es aún menos vulnerada cuando el desarrollo correspondiente es reconocido como una modernización humana universal. Esta se caracteriza por la combinación de cuatro puntos de vista: (1) las fuerzas motrices son de naturaleza humana universal; (2) tanto la tríada «ciencias naturales, medicina y técnica» como también la administración racional son indiferentes respecto a las religiones y sus competidores, incluida la alternativa de «la religión obliga o seculariza»; (3) sus ventajas repercuten sobre cada uno, más aún: pese a que las citadas dificultades, tales como el crecimiento demográfico, el empobrecimiento de grandes grupos, barrios de miseria y explotación excesiva de las reservas, son en parte la consecuencia de una modernización, también es cierto que ellas no pueden ser ya resueltas a base de una desmodernización, sino sólo a través de una modernización más perfecta, (4) a ésta pertenecen contrafuerzas morales, y en especial una moral jurídica que haga frente a la pretensión que tiende a absolutizar los factores mencionados, y que combata los efectos colaterales negativos ya en su lugar de origen.

La democracia liberal

En algunos lugares, por ejemplos en algunos países islámicos, se piensa que la civilización moderna sólo se podría adoptar como todo un «paquete». En consecuencia se la rechaza en su totalidad por temer una adopción íntegra. En otros lugares se ensaya una adopción parcial; se reconoce, por ejemplo, el complejo «ciencias naturales, medicina y técnica» –el caso de

China–, también la administración racional –en partes del sudeste asiático–, mientras que se rechaza la tríada «democracia, derechos humanos, división de poderes», es decir, al Estado constitucional democrático o la democracia liberal.

Hay buenas razones que hablan a favor de la opinión de que, a la larga, una adopción parcial de la forma de civilización de perfiles globales es imposible, por no decir contraproducente. Los científicos creativos precisan, por ejemplo, de un margen de libertad de acción que, al negárseles los derechos humanos, resultaría excesivamente estrecho. Aparte de que la capa social sobre la que descansa la economía, la ciencia y la cultura, desarrolla intereses educativos, artísticos y políticos que no pueden ser satisfechos sin disponer de la citada tríada.

Sin embargo, las razones por las cuales una civilización moderna no puede sobrevivir a la larga sin la democracia liberal, tienen sólo carácter instrumental; como medios para el bienestar de la sociedad en cuestión, tienen a lo sumo un valor pragmático. Una moral jurídica tiene la pretensión más alta de no ser reconocida meramente como medio para otra cosa, sino por sí misma y en cuanto tal. Si este reconocimiento sólo se pudiera justificar a partir de premisas europeas, entonces se daría sin duda aquel etnocentrismo que exime a las culturas no europeas de las exigencias de la moral jurídica. Hay sin embargo razones realmente indiferentes a la influencia europea, que son de naturaleza humana universal.

Históricamente considerado, el orden social de un ente común tenía que estar muy pronto determinado por tres elementos. El primer elemento, impersonal, es el derecho que, por lo demás, integra en los tiempos primitivos todavía una unidad relativamente inseparable de usos y costumbres y de la religión (véase Freud, *Tótem y tabú*, especialmente págs. 66-114). El segundo elemento es personal: la dirección en el ámbito político y militar a cargo de personas, sea en singular o plural. Y para que el primer elemento resulte realmente operante, existe, en tercer lugar, una división de poderes, o al menos primeros intentos de realización. Para el primer elemento, los derechos humanos constituirían ahora la forma superior o apogeo; para el segundo y tercer elemento, lo sería la democracia y una división de poderes plenamente desarrollada.

El tema de los derechos humanos es imprescindible para la teoría de un derecho penal intercultural, puesto que participa en la determinación de delitos permitidos interculturalmente. Por el contrario, la democracia, con la división de poderes, no es directamente pertinente; mas como ella sí es imprescindible para un discurso jurídico intercultural de carácter general, también será objeto de análisis. Por lo demás, cualquiera que se abra a otras culturas, pronto descubrirá en ellas también intentos de realización de cada uno de los tres elementos: ya son democráticas, por ejemplo, la institución africana del «parloteo» (sobre su realización más rigurosa, consensual-democrática, en la tribu de los Akan en territorio de Ghana, véase Wiredu 1996, 161-164, 173-177, 182-190) y el «Thing» o «Ding» germánico, la asamblea popular y judicial. El derecho penal existente en prácticamente todos los órdenes jurídicos protege una gran parte de los derechos humanos. La esclavitud, que hoy nos resulta escandalosa, también estaba prohibida por la Tora, por la jurisdicción ática (desde Solón, 594 a. C, véase Bleicken [2]1994, 22) y por el antiguo *ius civile* romano, aunque tal interdicción valía sólo para miembros de la propia comunidad. En Israel, un deudor podía venderse a su acreedor, aunque sólo por un máximo de siete años (véase *Exodo* 21, 1-6; *Deuteronomio* 15, 12-18). Después de este tiempo prescribía la parte de deuda que hasta entonces no se había pagado con el trabajo. La pena de servidumbre por deuda, abolida por Solón, era considerada en todo el ámbito cultural griego al menos como escándalo, y quien quería llevar a la esclavitud a un romano convertido en siervo por deuda, tenía que venderlo en el extranjero (*trans Tiberim*, más allá del Tíber) (Giaro 1991, 41). Finalmente, en muchas culturas jurídicas hallamos un orden jurisdiccional independiente.

7. La moral jurídica europea o moderna (I): los derechos humanos

Por lo que respecta a los derechos humanos, aquellas imágenes del ser humano a las que se recurre con frecuencia –la de los griegos o del judaísmo, de los cristianos, del islam, del budismo, etc.– tienen evidentemente componentes específicos de una cultura determinada. De ellos tiene que deshacerse una argumentación de índole humana universal a la hora de adentrarse en la discusión de los aspectos aquí relevantes, los elementos descriptivos y los normativos, para arreglárselas sin recurrir a componentes etnocentristas. No es éste el lugar para desarrollar ambos aspectos con exhaustividad; basten para ello algunas referencias ejemplificadoras.

Adelantemos primero una observación histórico-jurídica: no sin razón Occidente está particularmente orgulloso de la idea de los derechos humanos. Sin embargo, no debe olvidar que también en otras latitudes, incluso en culturas supuestamente «primitivas», existen ya catálogos de derechos inalienables del individuo, que son sagrados (para Africa occidental, véase Wiredu 1996, 159-169), y que su idea se impone sólo tardíamente en Europa. Como venimos diciendo, tanto la antigua Grecia como el judaísmo y el cristianismo, incluso Estados Unidos en sus primeros tiempos, permiten la esclavitud y la desigual posición de la mujer. También en otros aspectos Occidente es el ámbito donde primero se originan aquellas patologías, tales como la intolerancia religiosa, el Estado absolutista y el colonialismo, contra las que luego serán necesarios como terapia los derechos humanos. Y también hay que recordar que Occidente se permite recaídas graves y más de una deficiencia hasta el día de hoy.

Si prescindimos de todo lo culturalmente específico con miras a una justificación intercultural en el lado descriptivo, entonces nos queda como resto la *conditio humana* y su estudio, una antropología. En ella se repite ciertamente el peligro de declarar como universalmente humano lo que en realidad sólo tiene validez a nivel culturalmente específico. Y hay etnólogos y teóricos lingüistas que dudan, en general, de la posibilidad de asertos generales sobre el ser humano. Hay lingüistas que niegan, por ejemplo, la existencia de una estructura del mundo, incluida la de la persona, independiente de las lenguas concretas (así ya W. v. Humboldt 1830-35/1995; y últimamente, entre otros muchos, con especial agudeza W. V. O. Quine 1969/1975). Y algunos etnólogos (por ejemplo Herkovits 1947) defienden aquel radical relativismo cultural ya formulado por un crítico de la Ilustración, Joseph Marie de Maistre (1814) y que aún hoy, con variaciones insignificantes, se aplica contra la idea de los derechos humanos universales: *«Il n'y a point d'homme dans le monde. J'ai vu, dans ma vie, des Français, des Italiens, des Russes, etc., je sais même, gràce à Montesquieu, qu'on peut être Persan: mais quand de l'homme, je déclare ne l'avoir rencontré de ma vie; s'il existe, c'est bien à mon insu»*. Sorprendentemente se suma a los representantes de la Restauración, seguro que *«à contre coeur»*, pero de hecho, el joven Habermas (1958), influenciado sin duda por el veredicto antropológico de su maestro Georg Lukács (1922, 204) y por Max Horkheimer (1935/1988): «"El" ser humano existe tan poco como "la" lengua. Como quiera que las personas tienen que convertirse primero en lo que son, y ello de acuerdo a las circunstancias, cada una a su manera, existen ciertamente sociedades y culturas sobre las que se pueden hacer asertos generales, como también sobre especies vegetales o géneros de animales, pero no sobre "el" ser humano.» La variante de Rorty (1993, 116) no se diferencia esencialmente de ello: *«Nothing relevant to moral choice separates human being from animals except historically contingent facts of the world, cultural facts»*.

A este escepticismo se opone ya como hecho empírico la circunstancia de que también catálogos no europeos de derechos humanos parten de supuestos fundamentales antropológicos y que, además, éstos responden ampliamente a los nuestros (véase Wiredu 1996, 157-160). Por el contrario, a este escepticismo se opone con mayores pretensiones la idea de que existen intereses que son la condición para que puedan existir los intereses corrientes; se trata de intereses de rango más alto, transcendentales. Aun cuando es nuevo el modelo de argumentación así caracterizado, la filosofía conoce el resultado desde sus inicios. Lo mismo vale para otras culturas que también reconocen *de facto* la existencia de estos intereses de rango superior.

Como de rango superior, y válidas indiferentemente de la cultura, se presentan aquí tres dimensiones. Para descubrirlas no se precisa una larga búsqueda o agudas reflexiones; basta con nuestra experiencia diaria; aparte de que hace tiempo que ésta sale a relucir también en definiciones fundamentales de la antropología: independientemente del tipo de intereses que predominen en una cultura –en cuanto condiciones de la posibilidad de formar intereses en general y de perseguirlos, en cuanto condiciones de la capacidad de acción («*conditions of agency*») y, en ese sentido, irrenunciables para la persona– tenemos: (1) el cuerpo y la vida, incluidas las condiciones (materiales) de la vida; con razón sitúa la antropología al ser humano, dentro del cosmos de la naturaleza, en las cercanías de los *zôa* o *animalia*, de los seres con cuerpo y vida; (2) la lengua y la razón son propiedades humanas universales; el ser humano está considerado como *zôon logon echon* o *animal rationale*; y (3) sobre todo también, corresponde al ser humano como tal (3.1) una capacidad social general: la persona es un *animal sociale;* además (3.2), una capacidad política específica: la persona es el *zôon politikon* al que pertenecen adicionalmente la jurídica (*animal iuridicum*) y la comunitaria (*animal politicum*). Como quiera que la autoorganización política pertenece a esta tercera dimensión, el tema de los derechos humanos llega hasta la segunda mitad de la Modernidad política, hasta la democracia. Y debido a las condiciones materiales de cuerpo y de la vida (dimensión 1ª) y de la capacidad social (dimensión 2ª), sobre una parte del carácter social del Estado recae la dignidad de representar un derecho humano.

Es posible que en cada dimensión se puedan presentar objeciones, pero no hay dificultad en rebatirlas. Contra la tesis de la mayor importancia del cuerpo y de la vida, dentro de la gradación lógica en el rango de estos intereses, se remite al caso de los mártires y suicidas que, en formas diferentes, relativizan el interés por la vida. Pero como quiera que ellos también quieren decidir para qué, cuándo y cómo morir –por ejemplo: en caso contrario, los mártires serían «simplemente» asesinados– el cuerpo y la vida, aun no siendo «el supremo de los bienes», quedan sin embargo como condiciones de su capacidad de acción. En cada uno de los tres aspectos descriptivos se precisa del derecho y, desde una perspectiva moral, de la moral jurídica.

Si en la otra parte, en la normativa, se prescinde igualmente de todo lo culturalmente específico, entonces queda aún la idea de una regulación que interpone recurso contra la arbitrariedad y la violencia, que aplica este recurso en un radio de acción universal, y posibilita con ello una ventaja para todos los afectados. Tal regulación la podríamos llamar la razón jurídico-práctica. Se la realiza en los tres niveles de reconocimiento progresivo, que anteriormente hemos designado como moral legitimadora, realizadora y normadora del derecho (véase capítulo 4): en el primer nivel se introducen ciertas reglas; en el segundo, se obra rigurosamente de acuerdo a ellas y, en el tercero, las reglas jurídico-morales, ahora de segundo grado, son sometidas a su vez a principios jurídico-morales.

Se podría pensar en introducir en el primer nivel normas de cualquier tipo pero, de hecho, desde los tiempos primitivos, se rechaza tal arbitrariedad. Prácticamente en todas partes se constata un sometimiento a normas que, como en el caso de la protección del cuerpo y de la vida, de la propiedad y el honor, tienen un carácter jurídico-moral. Fuera de la ley, es decir, sin ningún tipo de protección jurídica, queda solamente aquél que es proscrito de la comunidad jurídica. Pero este procedimiento es, en primer lugar, un acto jurídico y, segundo, se da sólo en casos de infracciones sumamente graves contra el Derecho.

Las reglas citadas –mejor dicho: los ámbitos de regulación– pertenecen incluso a la dimensión de los derechos humanos, de modo que nuevamente nos vemos obligados a corregir la autocomprensión de la Edad Moderna europea. La Modernidad no inventa el tema de los derechos humanos sino, a lo sumo, algunos de estos derechos. Bielefeldt (1997, 262) adopta esta idea –que ya vengo defendiendo desde hace tiempo– cuando escribe: «La Ilustración que se supone en la base de los derechos humanos, no designa ningún proyecto exclusivamente europeo sino una pretensión de "pensar por sí mismo" críticamente, algo que tal vez en ninguna cultura sea sencillamente natural, aunque sí puede darse en diferentes contextos culturales.» Incluso la libertad de religión, de la que tanto se enorgullece la Modernidad, no es algo simplemente nuevo. Tanto el imperio alejandrino, como ya antes el persa bajo Ciro, y también el romano, practicaban la tolerancia religiosa, aunque naturalmente dentro de límites fáciles de reconocer; y en el Japón, la coexistencia del sintoísmo y el budismo (más tarde también del cristianismo) es usual desde hace tiempo, y ello no sólo a nivel social sino con frecuencia en una misma persona. Los que podríamos llamar realmente nuevos, son otros elementos: la abolición de la esclavitud, por ejemplo. Aunque también es probable que ya hayan existido sociedades de cazadores y recolectores –así lo prueban los indios de Norteamérica y los primitivos pobladores de Australia– que no conocían la esclavitud (véase el artículo «Slavery, Serfdom, and Forced Labour» de la *Enyclopaedia Britanica* 1974, t. 16, 854). También son elementos nuevos la abolición de los castigos corporales y la igualdad de hombre y mujer ante la ley, si bien aquí hay que recordar nuevamente que, respecto al segundo caso, esa igualdad ya se dio en algunas sociedades anteriores, por ejemplo en la antigua Babilonia y en Egipto, aunque con frecuencia encubierta por el principio de una rígida división del trabajo (véase el artículo «Women, Status of» de la *Enyclopaedia Britanica* 1974, t. 19, 909). En resumen: lo característico de la Modernidad no es la institución de los derechos humanos, sino su reconocimiento general.

Sobre la legitimación de los derechos humanos, referida a la primera de las tres dimensiones mencionadas, a la persona como ser de cuerpo y vida, hay que argumentar más o menos como sigue (véase Höffe 1996, capítulos 2-3): de acuerdo a su constitución biológica, dado que puede alzar la mano contra su semejante y también ser lesionado por la mano de su semejante, el ser humano es tanto víctima posible como también posible autor de violencia. La moral jurídica es la que da la respuesta moralmente adecuada a esta situación básica, a la *conditio humana socialis*. Según su idea de los derechos humanos existe un derecho subjetivo a no ser víctima de la capacidad ajena de violencia o, formulado en positivo, un derecho al cuerpo y a la vida. Sin embargo, para la fundamentación de este derecho no basta la suposición de un interés, incluso irrenunciable (transcendental), por el cuerpo y la vida. Puesto que un interés no incluye ningún derecho al reconocimiento de ese interés por parte de los demás. El paso argumentativo que nos falta arranca de la circunstancia de que sólo existen derechos subjetivos allí donde otros asumen las correspondientes obligaciones; los derechos humanos se hallan ligados a los correspondientes deberes humanos. Por ejemplo: mi derecho al cuerpo y a la vida radica en la obligación de todos los demás a renunciar frente a mí a su capacidad de violencia.

Ahora bien, en general existe un derecho a un servicio allí donde éste se presta desde un principio con la salvedad de que, en reciprocidad, se aporte un cierto equivalente. Los derechos se justifican a partir de una reciprocidad, *pars pro toto:* de un trueque. Para justificar los derechos humanos en su carácter de derechos subjetivos, habrá que demostrar la existencia de una reciprocidad que distingue al ser humano de los demás seres, sencillamente por ser tal. La reciprocidad tiene lugar allí donde la persona puede realizar un interés para ella irrenunciable sólo en y a través de reciprocidad. En este caso, cuando hay intereses irrenunciables y, a la vez, ligados a reciprocidad, la irrenunciabilidad se traspasa a la reciprocidad; el correspondiente trueque es a su vez irrenunciable. Existe un derecho humano no debido a que la persona tiene un interés por su cuerpo y vida de rango más alto, «transcendental», sino únicamente porque ese interés sólo se puede realizar en reciprocidad; y en el «sistema de la reciprocidad», cada uno recurre ya a aquella prestación, a la renuncia a la violencia por parte de los otros que se da únicamente bajo la condición de la contraprestación, de la propia renuncia a la violencia. Aquí se da un trueque de rango lógicamente más alto, «transcendental».

Ya este esbozo argumentativo muestra cómo se han de justificar de manera culturalmente indiferente derechos humanos, tanto de acuerdo a sus componentes descriptivos como también normativos. (Sobre los derechos humanos en Africa, véase por ejemplo Howard 1986, 54; sobre su consistencia tradicional, Wiredu 1996, 159-169; sobre su justificación en el islam, An Na'im 1990 y 1992); también Etzioni (1997, 186) se pronuncia a favor de la importancia transcultural, del valor global de los derechos humanos: «*Individual rights do not reflect a Western value (even if historically they arose in the West) but a global value that lays claims on all people.*» Aquí me estoy refiriendo conscientemente a derechos humanos sin el artículo determinado. Puesto que con «los» derechos humanos designamos con excesiva complacencia un determinado catálogo de derechos, en el que solemos introducir sin embargo elementos culturalmente específicos (el catálogo tradicional de derechos humanos de la tribu Akan de Ghana, por ejemplo, incluye un derecho humano –hoy perdido– a la tierra cultivable, Wiredu 1996, 159, 165 s.). Consciente de que no todos los derechos que se reclaman bajo el título «derechos humanos» son realmente tales derechos, la justificación esbozada se conforma con un criterio de derechos humanos, dejando la disposición de un catálogo de tales derechos, si es que ello se puede justificar, en general, desde una perspectiva filosófica, a cargo de reflexiones posteriores.

El que los derechos humanos no constituyen una institución específicamente europea se puede comprender fácilmente a partir de su idea central. Esta idea, la igualdad de todos los seres humanos, es muy antigua, y probablemente se pueda detectar ya en todos los mitos conocidos sobre la creación del mundo. Precisamente por ello se plantea la cuestión sobre dónde está lo «moderno» de los derechos humanos. Aunque la idea central esté muy extendida, los derechos humanos son modernos ya simplemente por el hecho de que antes no acarreaban consecuencias jurídicas. Lo cual se ve claramente en las diversas culturas que conforman el pensamiento europeo: para los griegos, por ejemplo, toda persona era un ser dotado de lengua y razón y, sin embargo, se permitía entre ellos un trato jurídico extremadamente desigual, la esclavitud; y no consideraban a las mujeres como iguales; excepción hecha de algunas culturas locales como Esparta. Algo similar ocurre en el antiguo Israel: aunque todas las personas son en principio iguales en cuanto fiel retrato de Dios, existe sin embargo, secundariamente, por la Alianza de Dios con Abraham, un pueblo elegido; y se permite –todavía en San Pablo– tanto la esclavitud como la desigualdad de la mujer ante la ley. La modernización no consiste en la concepción universal del ser humano, sino en el hecho de considerarlo como igual no sólo ante Dios, sino también en y ante la ley. A ello hay que añadir la escrupulosidad y amplitud de la consecuencia jurídica: por primera vez en el curso de la Edad Moderna se logra imponer una igualdad general y plena ante la ley, que ya practicaban sin duda algunas otras culturas antiguas «desde el principio», una igualdad que prohibe la esclavitud y el trato desigual de la mujer.

8. La presunción de inocencia y otros principios procesales

También para el enjuiciamiento criminal hay principios básicos con dignidad de derechos humanos. El derecho humano aquí más importante es la ya mencionada presunción de inocencia, que ya se expresa en el principio *«in dubio pro reo»* y que puede incluirse como parte del patrimonio de justicia de la humanidad. Podemos incluso sospechar que este principio esté reconocido en el enjuiciamiento criminal prácticamente desde que existe un derecho penal. Sólo en culturas muy arcaicas y, en especial, en el caso de procesos por sacrilegio, recae el peso de la prueba sobre el supuesto sacrílego, por ejemplo, demostrar *no* haber violado un tabú. (Véase en la historia del derecho alemán el «Ordal» (las ordalías, juicio de Dios), donde el acusado tenía que demostrar su *inocencia* a través de la prueba del fuego, del agua, del hierro, etc.; todavía Elsa de Brabante tiene que probar en la saga de Lohengrin que *no* ha matado a su hermano; para casos similares en el ámbito extraeuropeo véase Frazer 1922, 298ss., 310s. y Freud 1912-1913, 70, 76.) La salida de esta situación arcaica significa sin duda un progreso en la cultura jurídica. Ante la igualdad de votos, ya Esquilo permite absolver a Orestes en las *Euménides*, es decir, en una época arcaica (v. 741); aunque también es cierto que esta sentencia absolutoria no es el resultado de deliberaciones meramente procesuales (v. 734ss.) Según el texto, verdaderamente canónico para el desarrollo y realidad de la constitución ateniense, el *Estado de los atenienses* (61,1) de Aristóteles, este principio está reconocido en la época clásica como algo natural. Un principio que luego es fundamentado exhaustivamente en los *Problemata Physica* (XXIX 13), un tratado que, aunque pseudoaristotélico, aún permite reconocer al Estagirita como autor de muchos asertos. Según el tercero de los ocho argumentos aducidos en este tratado, se prefiere absolver a un culpable en el supuesto de que es inocente, a condenar a un inocente en el supuesto de que es culpable (951a 38-b2). Parecería que fue Bosio el primero en formular literalmente este principio («Titulus de Favoribus Defensionis», en: *Tractatus Varii Criminalis Materiae*, Lyon 1562, 458: *«quando probationes sunt pares, obtinere debet reus ... quod in dubio pro reo iudicandum»*; véase también 457: *«Sententio in dubio debet interpretari pro reo»*; sobre el principio en general véase Michael 1981 y Montenbruck 1985). La declaración francesa de los derechos humanos de 1789 integra expresamente la presunción de inocencia en el catálogo de los derechos humanos: *«tout homme étant présumé innocent»* (art.9).

La dignidad de la presunción de inocencia dentro de los derechos humanos se puede fundamentar con facilidad desde una perspectiva intercultural. Y la circunstancia de que, primero, en todas las culturas del Viejo Mundo que nos son conocidas existen tribunales; que, segundo, no se puede formular una acusación sin procedimiento probatorio y, tercero, no se dictan sentencias sin fundamentos, muestra que el derecho humano de «presunción de inocencia» está reconocido desde los tiempos más primitivos y en la mayor parte de culturas. Incluso ya en culturas tan lejanas como la de los aztecas encontramos tribunales de apelación para evitar fallos errados de los jueces (Prem 1996, 36), así como también en el antiguo Israel (*Exodo* 18, 13-26; *Deuteronomio* 17, 8-13) y en la Atenas de Solón (véase Bleicken ²1994, 24). En la averiguación del autor del acto existen sin embargo enormes diferencias culturales: algunas culturas consultan a los espíritus o interpretan oráculos; otras confían en signos milagrosos, por ejemplo la prueba del catafalco (el cadáver del muerto comienza a sangrar al acercarse el asesino; véase Schild 1980, 18-20); o en el duelo; otras permiten la tortura, y otras se contentan con indicios, mientras que otras exigen una declaración del acusado. Sin embargo, el principio mismo de la presunción de inocencia no es derogado por estas diferencias.

Ya mencionamos anteriormente otros principios de procedimiento no sólo relativos al derecho penal: «*audiatur et altera pars*» (escúchese también a la otra parte) y «*nemo sit iudex in causa sui*» (nadie sea juez de la propia causa). Ambos principios jurídicos debieron tener vigencia ya antes de Roma y pueden ser fundamentados con facilidad. Allí donde no se puede garantizar el resultado deseado de modo meramente procesal –no existe ningún procedimiento capaz de garantizar que un acusado sólo sea declarado culpable si ha cometido realmente la falta o el crimen que se le imputa– , es decir, en cuestiones de una imperfecta justicia procesal, los principios citados se cuentan entre las condiciones mínimas de la imparcialidad. Quien no presta oídos a la parte contraria, ya toma partido en la comprobación de los hechos, algo que, en el caso de fallar en causa propia, es declarado plenamente como principio. Dado que la imparcialidad constituye una condición mínima para un procedimiento (judicial) justo, los citados principios poseen validez transcultural y pueden reclamar su reconocimiento internacional en todos los procesos penales.

9. Las *Euménides* de Esquilo

Un derecho de segundo grado, a saber, la competencia para imponer el derecho de primer grado y, dado el caso, por la fuerza, forma parte del simple concepto de derecho. Nos referimos al poder coactivo. A su vez, al concepto de ente común (estatal) pertenece la sustitución de todo poder privado por el público. En este marco juega un papel particularmente decisivo la competencia penal, en cuanto que ella interviene en aquellos ámbitos para cuya protección fue establecido el ordenamiento jurídico: la libertad de acción y, en el caso de penas de índole financiera, la propiedad. Pese a todo, la competencia penal pública está reconocida como tal y por igual en las más diversas culturas jurídicas, aun cuando culturas diversas aducen a su favor argumentos también diversos. Así pues, a nivel intercultural, la competencia penal del Estado es incontestable.

Para todo ente común son irrenunciables tres tareas que, a la vez, no se pueden justificar oponiéndolas mutuamente –ninguna puede ser sustituida por la otra–, a saber: la explotación y distribución de las reservas necesarias para la vida; la defensa hacia el exterior y, objetivamente prioritaria, la paz interna. La condición mínima de todas ellas consiste sin embargo en la desprivatización de la violencia.

Una legitimación general del derecho penal arranca de aquel poder coactivo preestatal que conceptualmente pertenece al derecho subjetivo como tal. Decir que se tiene un derecho a algo –por ejemplo, al cuerpo y a la vida– significa que se debe a uno el cumplimiento de ese derecho y que, en caso contrario, se puede forzar su cumplimiento. El derecho originario se refiere ciertamente sólo a la materia en cuestión –en nuestro ejemplo a la integridad del cuerpo y de la vida– pero no a su imposición privada por la fuerza. Sin embargo, allí donde faltan otras opciones, concretamente los poderes públicos, sí es de derecho la realización privada del derecho, la justicia privada. (Los tribunales secretos llamados «Femegerichte» –de iniciativa privada– que se establecen en la época carolingia y que adquieren su mala fama más tarde, cuando se fortalecen los poderes públicos en el siglo XV, fueron en sus orígenes un intento de hacer frente a esta emergencia; véase Schild 1980, 128.) Por ello, la justicia privada, al tratarse de una situación preestatal, está defendida con buenas razones en el derecho natural moderno, por ejemplo, en el compendio de derecho natural de Achenwall/Püttner (1750, § 461) sobre cuya base dictó Kant su famosa conferencia sobre derecho natural.

Por otro lado, dos importantes argumentos se oponen a un poder coactivo de carácter privado. La dependencia del derecho de un poder privado viene a desembocar en aquel «derecho» del más fuerte que contradice al verdadero concepto de derecho; puesto que según tal «derecho», el débil recibiría menos su derecho, y el poderoso, por el contrario, más. Además, el respectivo derecho se sujeta entonces a la interpretación privada, lo cual encierra el peligro de exagerar la importancia de los propios derechos, y minusvalorar los ajenos. De este modo se deforman los derechos objetivamente dados, a lo que siguen las desavenencias que, a su vez, vuelven a entronizar nuevamente el anti-derecho, el «derecho» del más fuerte. Ambos lados de la justicia privada, la interpretación privada y la imposición privada, únicamente se evitan allí donde las instancias privadas, parciales, son sustituidas por otras públicas, en principio imparciales (sobre las consecuencias de la desestimación de estos principios véase Rüthers 1994, 22-54: la aplicación del derecho como sustituto de la legislación).

Hasta dónde puede llevar la violencia privada, lo muestran con pavorosa evidencia las guerras internas en los Estados, las civiles, que actualmente amenazan a nuestro planeta más que las guerras entre Estados (véase Pfetsch 1998).

Donde no existe una jurisdicción pública de lo penal o falta el derecho exclusivo, suele dominar el principio de la venganza. Este principio tiene sin embargo carácter jurídico bajo todo punto de vista: en caso de asesinato o agravio de alguno de los suyos, recae sobre los miembros de la familia o del clan una obligación más que merecible, una debida –y, al menos en este sentido, jurídica por analogía– de vengar el hecho en el autor o en uno de sus familiares. La venganza no sólo está documentada en los llamados pueblos primitivos. Dentro de la literatura universal se la conoce, por ejemplo, en las sagas islandesas. Por ejemplo, en la saga de los Wölsungen (Strehrath-Bolz 1997, 38-114), una escalada de sangrientos actos de represalia y de venganza, que sólo se detiene con la catástrofe final (capítulos 34-40, 97-111), constituye el principio estructural de esta larga narración islandesa. Algo parecido, aunque en forma más mitigada, ocurre en la saga alemana de los Nibelungos, donde un climax de actos de venganza es también el hilo conductor. Pero en la literatura universal conocemos también un drama que tiene por tema el nacimiento del poder público pertinente, el de la jurisdicción de lo penal que vendrá a sustituir la venganza. Con todo el énfasis inherente a una tragedia griega, Esquilo representa en su *Orestíada* hasta dónde se puede llegar al faltar este poder público, cuando sólo rige el principio de la venganza. Es como una especie de incendio de violencia que se extiende de unos a otros. Después de la muerte de Agamenón y Casandra, los autores de su asesinato, Egisto y la inductora Clitenestra, también son asesinados; finalmente, el asesino de éstos, Orestes, hijo de Agamenón, y también de Clitenestra, se declara dispuesto a morir para purgar su grave delito (el asesinato de la madre para vengar al padre). Así, este incendio de venganza abrasa a los propios incendiarios. Orestes es perseguido hasta la locura por las diosas de la venganza, las Erinias (las «estruendosas») a las que, para aplacarlas –o también desde la perspectiva de los que han de ser vengados– se las llama Euménides (las «benevolentes»). Tal incendio de violencia no es además capaz de apagarse por sí mismo. El punto final lo pone sólo el tribunal erigido por la diosa Atenea, el tribunal penal de Atenas, el areópago. Aquí se manifiesta la función humana del derecho penal que sirve de fundamento al tribunal: éste acaba con la violencia («¡Tumulto insaciable de sufrimientos, / no siembres jamás tu estruendo por esta ciudad!», *Orestíada*, parte

III: Las Euménides, v. 978 s.) y, en lugar de ella, instaura la paz. Como es regla en la antigüedad griega, naturalmente esta paz interior es perfectamente compatible hacia afuera, a nivel interestatal, con la guerra; más todavía: en tal tipo de guerra se ve incluso una ganancia (social) psicológica: «La guerra ha de detenerse ante nuestras puertas, que en ella se sacie la desmedida avidez de fama» (v. 864s.) Por el contrario, la paz interna hace que florezca la comunidad en lo económico y más allá de ello: «Canta a lo que lleva a la fortuna intachable ... que el fruto de los campos y los huertos fluya a la ciudad / en rica e inagotable abundancia. / Que así florezca también feliz la semilla de los hombres» (v. 903-909).

De la teoría del derecho penal conocemos tres principios: la intimidación, la reparación, la corrección («resocialización»); en Esquilo aparece adicionalmente un cuarto principio. Aunque puede que éste ya se halle en parte incluido dentro de los otros, merece mención especial por su importancia. Se halla por lo demás opuesto a los tres principios citados, con frecuencia «reñidos» entre sí, y tiene un peso independiente de las correspondientes controversias: la finalidad del derecho penal es apagar el incendio de la violencia.

A favor del poder penal público, Esquilo aduce un segundo argumento que queda vinculado al principio rector «combatir la violencia». Mientras que según el primer argumento se trata de limitar las repercusiones de la violencia privada, ya ocurrida, este segundo argumento destaca el aspecto profiláctico frente a la violencia: la prevención de la violencia potencial por medio de la amenaza de castigos (véase v. 698 «miedo y horror»: *to deinon*). La profilaxis se hace necesaria debido a una debilidad moral con que se puede contar en todo ser humano. En vista de las conocidas tentaciones, por ejemplo, de la codicia (v. 704 y 863) y de la enorme avidez de fama (v. 865), sólo retóricamente se puede entender la siguiente pregunta: «Pues ¿qué humano que ya no tema nada obra en justicia?» (v. 699).

Se pueden entender empíricamente los enunciados de Esquilo sobre el derecho penal –«así es el ser humano que conocemos»– o también antropológicamente: toda persona, por no estar libre de pasiones, es seducible. Una reflexión propia de la teoría del juego, el llamado «dilema de los presos», muestra incluso que es racional aceptar acuerdos comunes y, por falta de poderes públicos, no cumplirlos hasta no estar seguro de la reciprocidad (véase Höffe 1987, capítulo 13.2 y capítulo 10).

Ya se entiendan empírica o antropológicamente, los argumentos de Esquilo a favor del derecho penal mantienen su vigencia hasta el día de hoy: donde ha habido violencia, el derecho penal sirve para su limitación rigurosa; donde todavía existe, o es de temer, para impedirla.

De Jean Piaget, el psicólogo del desarrollo (1954, 367), conocemos una notable analogía: «El niño prefiere el perdón a la venganza, y ello no por debilidad» –y se podría añadir: tampoco por moral genuina– «sino porque "nunca podría acabar" caso de preferir la venganza». Así pues, los niños descubren casi por instinto un modo de comportamiento que sirve al interés propio de todos los implicados: como de otra manera nunca se lograría acabar y, en consecuencia, uno se deja guiar por lo más importante y mejor, el perdón es preferible a la venganza.

El antropólogo francés de la cultura, René Girard (1972), atribuye el origen del derecho penal al temor ante la violencia, particularmente ante la violencia anárquica y ubiquitaria. El culto sacrificial arcaico, incluso los sacrificios humanos, «sanguinarios» a nuestro modo de ver, serían en realidad acciones «racionales», intentos de impedir la reacción en cadena que amenaza tras un hecho violento, de contrarrestar la violencia sucesiva tendencialmente inacabable: a través de la muerte de un tercero, de por sí inocente, se trata de impedir que caiga sobre la comunidad el alud de violencias, venganzas y contravenganzas, que sería de temer caso de no proceder al sacrificio. Antes de que la violencia haga saltar todos los límites, se le opone –así se espera al menos– una barrera insuperable. En el curso de la evolución social, en la medida en que una sociedad se va sintiendo segura de sí misma, se puede bajar la necesaria barrera. Una cultura pastoril, por ejemplo, ya no busca a una persona sino un chivo expiatorio –hoy con significado metafórico pero entonces absolutamente literal– sobre el que deposita la culpa (Frazer 1922, 817-860; Girard 1971/1987 y 1982/1988). La finalidad es evidente: el chivo expiatorio está considerado como un tercero neutral, que se echa al desierto para que con él desaparezca la culpa de la sociedad y, una vez limpia ésta de culpa, se ponga fin a la violencia.

La mitología griega conoce prácticas análogas de expiación. Orestes, por ejemplo, tiene que abandonar la Argolia en el momento en que ha consumado el asesinato de su madre. Pero en las *Euménides* de Esquilo se trata ya del nacimiento de la eliminación postarcaica de la violencia, una eliminación aún instituida por la divinidad pero que ha perdido el carácter de culto religioso, ofreciendo ya perfiles jurídicos «racionales». Más allá de las conexiones existentes entre el derecho penal de la Modernidad y el pensamiento de las culturas arcaicas dominado por la idea de la expiación, no se deben pasar por alto las diferencias (un rico material antropológico se puede encontrar en Rouland 1988): el derecho penal puesto en manos del tribunal constituye una práctica «más moral», en la medida en que no está dirigida contra un tercero inocente, contra la persona elegida como chivo expiatorio o contra el animal, sino contra el culpable mismo, el delincuente. La justicia criminal hace todos los esfuerzos por constatar a quien corresponde la culpa, así como por determinar la responsabilidad personal y la gravedad de la culpa. También amplía su orientación hacia el futuro con una segunda dimensión. El derecho penal concuerda con la mentalidad del chivo expiatorio, en cuanto que se opone a un hecho violento cometido en el mundo, que tendencialmente genera nueva violencia, e inaugura –al menos en principio– un futuro libre de violencia. Pero esta mentalidad de la expiación reacciona sin embargo sólo ante culpas ya cometidas, está orientada por tanto hacia el pasado. Por el contrario, el derecho penal, con la amenaza de castigos, aporta algo más que una simple reparación: a través de la prevención de actos delictivos está esencialmente orientado al futuro.

Quien lea las *Euménides* como si se tratara de una teoría general del derecho penal, echará en falta una justificación de los otros principios penales: el de la corrección y, sobre todo, el de la reparación. El último se puede justificar como apoyo de las dos primeras tareas: si el delito no es penado, por un lado desaparece la intimidación y, en consecuencia, la prevención; por otro, se priva a la víctima de aquella consciencia que le procura satisfacción y mitiga, o tal vez incluso elimina, la necesidad de venganza privada. Aunque la reparación también puede ser justificada de manera independiente, en cierto modo absolutamente, por ejemplo: quien comete un delito, se arroga frente a sus conciudadanos una situación excepcional que requiere una compensación por medio de una pena; una pena que habrá de estar en concordancia con la gravedad del delito cometido.

¿Por qué falta la tarea de la reparación pese a ser ésta irrenunciable por la misma importancia subsidiaria de que hablamos antes? Es posible que ella no esté considerada en las *Euménides* –como tampoco lo está la de la corrección– por ser una cuestión discutida la existencia del no derecho. La cuestión sobre quién está en su derecho, Orestes o las diosas de la venganza, es algo controvertido hasta el final. Mas cuando la ausencia del derecho es indiscutible, como es el caso en la segunda parte de la Orestíada, entonces la reparación sí está totalmente presente: «Quien obra mal, tiene que penar» (v. 314). Mientras no exista un tribunal, incluso la rigurosa ley del talión es de derecho; el verso 121 reza: «el que repara el asesinato con asesinato», y el 274: «y castigue el asesinato con asesinato». Orestes sabe que con su asesinato se ha hecho merecedor de la muerte. Pero él acepta voluntariamente esta consecuencia; incluso no le intimida la circunstancia de que la violencia desatada vaya dirigida contra él: «Una vez borrada (la deshonra del padre), ya no me importa morir» (v. 438).

En esta frase se detecta a la vez un posible sentido de reparación: se debe hacer justicia a la víctima. Se ha de borrar la deshonra de Agamenón, consistente en haber sido asesinado por instigación de su esposa y de la mano de su amante. Un sentido más de la reparación: el reconocimiento de la norma, la interdicción del homicidio, es sancionado; las Euménides declaran imperdonable el matricidio, aunque Orestes (v. 610) y Apolo (v. 615) no sólo lo consideran perdonable por haber vengado la muerte del padre, sino incluso «de derecho» (*dikaios*, v 244, 306ss., especialmente 311-313): «Dike, la que cobra las deudas vencidas / lo proclama a plena voz. Y con golpe sangriento será retribuido el golpe sangriento.»; véase v. 1024: «Tú obraste bien». Y como para ambas partes hay buenas razones (véase v. 461: «pugna ... el derecho con el derecho»), Esquilo hace que sea exactamente igual el número de los jueces que fallan a favor y de los que fallan en contra de Orestes. Y en tal situación de igualdad de votos, Atenea practica el principio *«in dubio pro reo»*, pronunciándose –como sabemos– a favor del acusado.

10. Elementos para una teoría de la competencia penal

Para nuestro tema central –el derecho intercultural–, la competencia penal del Estado es una cuestión absolutamente indiscutible. Por ello no queremos limitar el análisis sólo a la tragedia de Esquilo y, aunque no elaboraremos toda una teoría del derecho penal, sí procederemos a reunir algunos elementos que puedan servir para la construcción de tal teoría.

Los etnólogos o antropólogos de la cultura suelen ser partidarios de un relativismo. Como las culturas que estudian son tan diferentes, tienen que ser necesariamente escépticos ante el supuesto de la existencia de obligatoriedades universalmente reconocidas. Pero también es posible que sean víctimas de una ilusión perspectivista ya que en el ámbito del derecho y de la justicia constatamos curiosamente lo contrario: muchos puntos comunes por encima de las culturas. En particular, el derecho penal nos proporciona una clara prueba en contra de un relativismo cultural empíricamente fundamentado. La manera de imponer una pena (o, más en general, las consecuencias del derecho penal) es algo ciertamente muy diferente según las sociedades y las épocas. El que comunidades –*pars pro toto*: Estados– se consideren, en general, competentes para aplicar medidas coactivas del tipo de la pena criminal, es algo que no se da por primera vez en la Modernidad, sino ya en la Edad Media, al igual que en la antigüedad clásica, en los antiguos imperios orientales y en culturas aún más lejanas.

Nuestro *primer elemento* para la construcción de una teoría del derecho penal se atiene a esta observación: considerado de manera meramente empírica, el derecho penal (inclusive tribunales y procedimientos de lo criminal) se manifiesta como un universal sociocultural.

Más aún: no sólo es universal el derecho penal, sino también una gran parte de lo que está considerado como delito, como merecedor de pena. En las definiciones precisas de acciones punibles existen por supuesto diferencias, como ya hemos visto en ejemplos anteriores (véase capítulo 1). Las clases de delitos hoy actuales (normas de derecho penal), las encontramos sin embargo prácticamente en todas las culturas: homicidios; delitos contra la propiedad; actos punibles contra el honor; delitos sexuales; incendios intencionados; falsificaciones de pesos, medidas y moneda; falsificación de títulos (o cambio de los hitos de demarcación, etc.).

Está claro que el derecho penal constituye un medio coactivo tan decisivo que no podemos adoptarlo sencillamente como tradición o convención (sobre el actual debate científico en torno al derecho penal véase Hassemer 1990). Más bien hemos de plantearnos la cuestión de su legitimación: ¿el derecho a imponer penas pertenece realmente a las actividades legítimas del Estado? Los críticos radicales lo niegan enfáticamente. Sin embargo, no argumentan por lo general contra el derecho penal en sí, sino sólo contra la pena que ellos conciben como un acto de venganza sancionado por la sociedad, y que critican por su carácter represivo y estigmatizador. Según Helmut Ostermeyer (1975), las acciones criminales son descargas de agresiones. Y como quiera que, según él, no existen pulsiones agresivas innatas, entonces la respectiva responsabilidad no correspondería al individuo, al autor del delito, sino a la sociedad: la civilización marcada por el poder, el afán de éxito y de lucro.

Por lo demás, no es tan nueva la demanda de abolición de la pena (criminal, impuesta por el Estado). Ya hace más de un siglo que la hicieron el criminalista Enrico Ferri (1881) y el psiquiatra Cesare Lombroso (1889; ed. alemana 1894), este último sobre la base de una teoría del criminal nato (véase más tarde Haberlandt 1977; en contra, Montagu 1974; en postura «conciliante», Murken 1973; ponderadora, Hassemer 1981). No hay duda de que nuestra mirada a otras culturas no tiene poder legitimador. Pero sí despierta escepticismo frente a críticos como Ostermeyer, dado que existen suficientes culturas cuyos objetivos rectores no son precisamente «poder, éxito y afán de lucro», y que sin embargo disponen de la institución jurídica de la pena criminal. Cabe preguntarse además si al menos aquellas contravenciones que podrían estar motivadas por la tríada de Ostermeyer, son para nosotros típicamente «modernas», es decir, hasta qué punto esos objetivos citados por Ostermeyer son específicos de la sociedad moderna y de sus infracciones. Según Esquilo, el afán de lucro y de fama amenazaban también en la Grecia arcaica, y es bien posible que ciertos equivalentes determinen prácticamente todas las sociedades.

Una «crítica ideológica» que interprete el derecho penal como institución para la venganza, ignora un elemento esencial de su concepto: el derecho penal es fijado por el legislador, aplicado por el juez y consumado por la parte correspondiente del ejecutivo. Bajo la responsabilidad de instancias autorizadas, el derecho penal se contrapone a aquella venganza justamente desacreditada que –en parte organizada individualmente y, en parte, colectivamente por grupos de familiares– trata de reparar por cuenta propia la injusticia sufrida, dejándose guiar aquí por sentimientos de odio y, con harta frecuencia, reaccionando desmesuradamente.

Segundo elemento: el gran aporte cultural de la competencia penal pública (estatal) radica precisamente en el hecho de haber sustituido la venganza, al reto y a la justicia privada. La reacción no está permitida ni al perjudicado, ni a la familia, amigos o vecinos, ni tampoco a un difuso público, sino sola y únicamente a un tercero independiente, al tribunal que, obligado a la observancia estricta de determinadas normas materiales y procesales, no reacciona guiado por el odio o en desmesura, sino procurando *sine ira et studio*, con imparcialidad, llegar a un fallo mesurado. Aquí, el derecho penal estatal muestra por una primera vez su legitimidad o justicia: si es que la institución de la pena criminal debe existir realmente, ello no ha de ser en forma de arbitrariedad o como consecuencia de la consternación personal; la institución penal debe estar a cargo de un tercero imparcial, de los poderes públicos para ello autorizados y pertrechados de todas las normas pertinentes. La innovación acorde a estos principios, que ya conocemos de manera ejemplar de Esquilo, aporta un progreso jurídico de rango histórico verdaderamente universal. Aquí hace su aparición en el mundo el significado originario de la justicia. La diosa griega de la justicia, Dike, se pronuncia en la jurisdicción por aquella justicia que aún podemos detectar en el término mismo del régimen judicial: hacer justicia a alguien significa procurarle su derecho. Como dice Kant en su teoría «Sobre el derecho penal y de gracia», la justicia es la «idea del poder judicial de acuerdo a leyes generales» (*Rechtslehre*, 334).

Para prevenir algunos malentendidos corrientes nos parece oportuno hacer en este lugar una referencia a la historia de la palabra «venganza»: como quiera que en algunas viejas teorías jurídico-penales se habla también de «venganza», se las suele creer inspiradas todavía por aquella «conmoción pasional e innoble en la persecución de un delito» (*Grimm* 14, 15), merecedora del más absoluto rechazo. Sin embargo, el mismo Kant utiliza el sustantivo «venganza» o el verbo «vengar» incluso en relación con la pena impuesta por tribunales públicos (*Tugendlehre*, 460; *Religion* 110, 35ss.). Para una comprensión correcta hay que saber que, originariamente, la venganza era un viejo concepto jurídico pangermánico que todavía en la época del «Landfriedensbewegung» (movimiento por la paz pública en los siglos XI y XII, véase Schild 1980, 14-16) incluía «el situar a alguien fuera del derecho común y su expulsión del país como consecuencia de un atentado a la paz pública». En este sentido, la venganza encarna por tanto «una modalidad mitigada y no infamante de aquella pena dentro de la cual ha de ser considerada la vieja condena al *«wergus»* (a pagar una suma a los familiares de la víctima) como su grado superior y, a la vez, portadora de la condición de proscrito» (*Grimm* 14, 14). A partir de aquí se hace comprensible un significado de venganza que sin duda no es moralmente reprochable: «reparación de un delito por personas, con la aprobación y ayuda divinas» (*Grimm* 14, 15). Kant dice expresamente que «ninguna pena perteneciente al concepto de derecho penal ... puede ser infligida por odio» (*Tugendlehre*, 461). Así, su uso del término venganza se acerca a aquella comprensión originaria neutral del concepto en cuanto reparación: el delito merece una respuesta que lo estigmatice como delito en cuanto tal.

Aun cuando no se pueda negar legitimidad a esta respuesta impuesta jurídicamente por un tercero imparcial, ella suele acarrear todo tipo de penas sociales y profesionales. Quien es condenado a una pena de privación de libertad, con frecuencia se encuentra estigmatizado: pierde muchos contactos sociales y sólo difícilmente logra otros nuevos; tiene dificultades para hallar trabajo; y, no raras veces, incluso miembros de su familia, personas inocentes, quedan indirectamente afectados por la pena. Sin control ni autorización resulta evidente que estas penas adicionales son claramente ilegítimas. Sin embargo, dadas las actuales condiciones sociales hay que contar con ellas de manera que se abre aquí un nuevo campo de responsabilidad.

Con ello llegamos a nuestro *tercer elemento*: la sociedad tiene que liberarse de las ilegítimas penas adicionales. Y como el derecho penal conoce las dificultades pertinentes, también prevé consecuencias alternativas: en lugar de la pena usual, puede aplicar medidas correccionales y, de ser necesario, de seguridad. Por lo demás, en las penas adicionales pueden salir a la luz formas incriminadas de instintos sociales de venganza. Éstas no sólo conducen a penas adicionales, sino, con harta frecuencia, también a penas incluso allí donde la justicia absuelve al acusado. La sociedad no se siente obligada a reaccionar ni allí donde han sido infringidas normas preestablecidas y conocidas, ni tampoco a iniciar su reacción con un examen del estado de cosas (tanto en lo concerniente al delito como a la culpa) y, en el caso de una sanción legítima, a atenerse a una cuantía de la pena, tanto preestablecida como correspondiente al hecho delictivo. Una vez más, un derecho penal que ha sido sustraído a la «sociedad» –una «instancia» tan difusa como amenazada de parcialidad– muestra sus ventajas en el campo jurídico-moral.

Por regla general, los debates jurídico-penales se ocupan menos de la eventual abolición de la competencia penal que de los fines legítimos de la pena. La profusión de opciones se puede reducir a las ya mencionadas formas básicas, de las que obtendremos elementos adicionales para la construcción de nuestra teoría del derecho penal. Como fines de la pena se discuten: (1) la represalia; (2) la prevención negativa (intimidación) y la positiva (confianza en el Derecho), y (3) la reintegración en la sociedad, la resocialización. Proscrita como instinto primitivo de venganza, es ante todo la idea de la represalia la que repetidamente es objeto de crítica. (Sobre su defensa véase Moore 1987.) Al haber defendido Kant y Hegel esta idea, la divisa suele ser en la política jurídico-penal el «Adiós a Kant y a Hegel», en consonancia con el título del influyente artículo de Ulrich Klug. No hay duda de que habría que combatir una institución jurídica que exterioriza los instintos de venganza de la sociedad y que, además, cubre este procedimiento con el manto de la legitimidad moral. ¿Pero se puede atribuir a filósofos como Kant o Hegel una opinión que los descalificaría hasta tal extremo? Ya la misma vinculación que Kant ve entre competencia penal y poder público hablaría en contra, y en su *Tugendlehre* (461) afirma inequívocamente, como ya citamos más arriba, que «ninguna pena, sea de quien sea, puede ser infligida por odio». (Sobre Kant véase Höffe 1998a; sobre Hegel, Mohr 1997).

Todavía nos queda por aclarar el concepto: la pena criminal es, en primer lugar y trivialmente, una desventaja, un mal. Pero no todo mal es una pena jurídica; una visita al dentista puede ser muy dolorosa y, sin embargo, no cae bajo el concepto de pena jurídica. A fin de cuentas, uno va al dentista voluntariamente. Una pena que ha entrado en vigor puede ser impuesta al afectado en caso necesario por la fuerza –así reza el segundo elemento de definición–, lo cual es también el caso incluso al tratarse de un «derecho de resocialización muy liberal». Ocasionalmente se cree que un tal derecho podría anular el carácter penal: como quiera que la reintegración en la sociedad es en interés del afectado, ello no podría ser considerado entonces como pena. El argumento del interés neutraliza sin embargo sólo el primer elemento de la definición, el carácter de mal, pero no el segundo. Puesto que el afectado no es libre de rechazar la resocialización, en consecuencia, la resocialización es un elemento perfectamente adecuado para la construcción de una teoría general del derecho penal.

Con ello hemos llegado a nuestro *cuarto elemento*. Particularmente para el *cumplimiento* de la condena, éste constituye un criterio irrenunciable, si bien no sirve como elemento único de una teoría general. Y, en contra de primeras apariencias, las alternativas a la pena corriente, a las medidas decretadas por tribunales criminales, no siempre son más «humanas» sino más bien, y con frecuencia, todo lo contrario.

De un mal forzado se trata también en el caso de catástrofes naturales, de medidas de cuarentena y, para muchos ciudadanos, de los impuestos. Pero no por ello se trata de penas criminales: éstas sólo se presentan tras una violación del derecho, y ello sólo *después de* una violación grave y *a causa del ella*. A la pena pertenece un modesto «después de» y un exigente «a causa de». Tenemos pues una reacción *«post et propter»* y, por este motivo, la acción penal (según el concepto jurídico-penal el medio más terminante, la *ultima ratio* del poder público) es sólo pertinente allí donde hay necesidad real de una *ultima ratio,* y es precisamente por ello por lo que adopta su carácter de represalia. Pero quien en la acción penal vea sólo una especie de devolución de un mal a quien antes lo cometió contra otros, pasa por alto el significado primario, totalmente neutral, del concepto de *«Vergeltung»* (remuneración). Este término alemán tiene la misma raíz que *«Geld»* (dinero), y remite etimológicamente a la forma básica del intercambio humano, al trueque. La remuneración o retribución, respetada no sólo en los pueblos primitivos sino también en las grandes civilizaciones, apunta a aquella contraprestación por servicios recibidos, aquella devolución que, en el caso de servicios positivos, consiste en una retribución y, sólo en caso de servicios negativos, en «pago con la misma moneda», en castigos (represalias). *«Vergeltung»* significa por tanto literalmente «contraprestación», «reintegro» y, originariamente, también se trataba de una prestación en dinero por servicios. Así pues, el término se ha de entender en sentido neutral y, con frecuencia, positivo: como recompensa. Cuando un pobre tras recibir una limosna da las gracias con un «¡Dios se lo pague!» (*«Vergelt's Gott»*) le está deseando algo bueno al donante. El concepto no tiene por tanto nada que ver con venganza personal o impulsada por el odio. En lugar de ello, la *«Vergeltung»* constituye un momento irrenunciable para entender el concepto de la pena.

Con ello hemos llegado al *quinto elemento*. Este punto de vista definitorio contiene por lo demás un importante aspecto criteriológico, un elemento más de la justicia penal. El carácter (neutral) de la *«Vergeltung»* prohíbe castigar a inocentes; esta interdicción, la versión negativa del principio de culpabilidad, vale incluso categóricamente («incondicionalmente») y sin excepciones; no permite compromisos con el bienestar colectivo o con la razón de Estado. Sólo puede ser penalizado quien, objetivamente considerado, viola (gravemente) la ley y es personalmente (subjetivamente) responsable de este acto.

En la medicina, por ejemplo, se habla de medidas preventivas para evitar la aparición de una enfermedad. También la penalización pública puede repercutir preventivamente; un efecto que incluso es inevitable. De acuerdo al principio *«nulla poena sine lege»*, la norma por cuya infracción se produce la pena, tiene que estar bien definida y, sobre todo, ser previamente conocida.

Por ello la pena desarrolla siempre una fuerza preventiva, pese a producirse con posterioridad al hecho, y sirve para la intimidación.

Ésta es nuestro *sexto elemento*. Como prevención general negativa puede intimidar al potencial infractor de la ley y, en especial, impedir peligrosos intentos de imitación; como prevención general positiva o prevención integradora, persigue exactamente tres objetivos diferentes pero entrelazados: el ejercicio en la ley motivado desde una perspectiva social y pedagógica; el efecto de confianza resultante de la realización de la ley; y el efecto de satisfacción (véase Jakobs 1976). En el sentido de la legitimación es sin embargo prioritario el carácter retrospectivo. En sí considerada, la pena es una re-acción, es decir, re-tribución en el sentido neutral de «*Vergeltung*»; la intimidación es primeramente sólo un efecto colateral –naturalmente que inevitable–, una ventaja bienvenida. La fórmula «*punitur ne peccetur*» (se castiga para que la ley no sea infringida), siempre presupone a la otra: «*punitur quia peccatum est*» (se castiga porque la ley fue infringida).

Mientras que el derecho penal esté referido a acciones intencionales que se producen tras una contravención de la norma y, sobre todo, *por su causa*, se deja ciertamente reformar en muchos aspectos, pero no derogar en su carácter retributivo. Como también las dos alternativas de intimidación y reintegración consisten en reacciones «*post*» y «*propter*» a infracciones de la ley, también reconocen –en caso necesario «*à contre coeur*»– la idea de la retribución (*Vergeltung*). En los clásicos teóricos de la retribución, Kant por ejemplo, se suma el hecho de que no se trata de contravenciones cualesquiera a la norma, ni mucho menos de comportamientos anormales, sino de las violaciones más graves de la ley, de crímenes. Para infracciones menos graves son concebibles otras respuestas: desde la renuncia a una reacción hasta la reparación; hasta aquella responsabilidad que sólo impone al delincuente hacerse cargo de las consecuencias del mal cometido. Dado que se trata de claras violaciones de la ley, el derecho penal se halla muy lejos de cualquier tipo de tutela meticulosa o incluso moralizante del comportamiento social.

Todavía hay un aspecto más donde se puede analizar la idea de la retribución: en relación con el *grado* del castigo; algo que por lo demás ya consideró el sofista Protágoras (según Platón, *Protágoras* 324b), y más tarde también Montesquieu (*De l'esprit des lois*, libro XII, capítulo 4, 1951, 433-435) o John Locke (*Second Treatise on Government*, capítulo 2 § 8, 1823/ 1963, 342). Se presupone en todo caso que se renuncie a la «*Vergeltung*» como represalia (*ius talionis*), al principio del «ojo por ojo y diente por diente» y, especialmente, al de «sangre por sangre». Que la «fisionomía del crimen se expresa en la pena misma», como se puede leer en un manual de derecho penal del siglo pasado (Berner 1876), es un aserto inaceptable como objetivo de la pena.

Lo decisivo es aquella idea no material sino formal que conocemos del significado originario de la «*Vergeltung*» en cuanto retribución o remuneración. Quien «retribuye» los servicios recibidos con una prestación en dinero, paga con una moneda fundamentalmente diferente, es decir, con dinero en lugar de servicios. Sin embargo se da una correspondencia, una cierta equivalencia de ambas prestaciones. En este sentido, también el grado de la pena se atiene a la gravedad del hecho. Ni es legítimo –«justo»– «hacer un escarmiento» y penalizar con más rigor con fines intimidatorios, ni tampoco renunciar a la pena allí donde sea superflua la intimidación. De otra suerte habría que dejar impunes crímenes cometidos consciente y voluntariamente, pero que son hechos únicos típicos. Al igual que se procede –y con todo derecho– contra delincuentes nacionalsocialistas o criminales de guerra, que «sólo» delinquieron en una ocasión y que desde entonces se comportan en conformidad con la ley, también hay que perseguir otros crímenes.

Por ello necesitamos un *séptimo elemento*: quien se hace culpable de una infracción elemental a la ley, merece una pena; y la merece de acuerdo a la gravedad objetiva de la infracción, del delito, y también de la responsabilidad personal (subjetiva), de la culpa. Según la conciencia jurídica arcaica existen infracciones a la norma tan graves que han de ser castigadas con todo rigor aun cuando hayan sido cometidas por ignorancia: el caso de Edipo que mata a su padre y desposa a su madre. La teoría de la conciencia de la acción, de la responsabilidad y de la disculpa jurídicamente legítima, que como tema ya es muy antigua (véase por ejemplo *Números* 35, 22-29; *Deuteronomio* 19, 4-7) y que Aristóteles hace objeto de reflexión sistemática (*Ética a Nicómaco* III 1-3), aporta sin duda un considerable progreso de la justicia en la cultura jurídica. Un progreso presupone nuestro segundo elemento, la separación de la competencia penal de la venganza privada, y la fuerte sujeción de los tribunales a normas materiales y procesales. (Entonces nuestro Edipo sí podría alegar defensa propia en el homicidio, e ignorancia en el incesto, de manera que el primer hecho podría ser justificado, y el segundo, disculpado.)

Los crímenes capitales constituyen una violación particularmente grave de la ley, mereciendo al probarse la culpabilidad correspondiente, una pena igualmente grave. Pero como la retribución (*Vergeltung*) no ha de ser entendida en sentido material sino formal, ésta no ofrece ninguna razón justificativa para la máxima de «sangre por sangre». Mientras que la retribución sea entendida en sentido material, la carga de la prueba corresponderá al crítico; el contrario a la pena de muerte habrá de mostrar, o bien que ésta no es legítima moralmente, o bien que, pragmáticamente, sirve de poco. Pero tan pronto como se entienda la retribución como únicamente formal, entonces se invierte la carga de la prueba. Un ordenamiento jurídico que cuenta entre sus tareas más distinguidas la protección de la vida, habrá de proponer pruebas que expliquen por qué no puede proteger la vida humana si no aplica la eliminación de vida humana. Y aquí la experiencia no aporta ayuda alguna. Según un buen conocedor de la materia, Arthur Kaufmann (1989, 484), «el peligro de reincidencia de los asesinos es incluso menor que en muchos otros delitos»; y «en los países en que está abolida la pena de muerte, las estadísticas no muestran un aumento de los crímenes de homicidio, sino más bien un descenso». Nos parece oportuno recordar en este contexto que, en nuestro ámbito cultural, fue en la Toscana donde se abolió por primera vez la pena de muerte, ya en el año 1763, bajo el influjo del jurista italiano Cesare Beccaria. Austria la suprime en 1950 para el juicio ordinario y, en 1968, para el sumarísimo, mientras que, en el caso de Alemania, ya la Ley Fundamental incluye: «Se deroga la pena de muerte» (Art. 102). A pesar de que entre «los criminalistas más destacados de hoy» –según Kaufmann (1989, 482)– «dominan sin lugar a dudas los enemigos de la pena de muerte», un país tan orgulloso de respetar y propagar los derechos humanos como Estados Unidos, la prevé todavía en diversos Estados federales después de que el Tribunal Supremo permitiera de nuevo su introducción en el año 1976. Con 144 ejecuciones (hasta principios de 1998), Texas se ha convertido en el «baluarte de la pena de muerte».

Si resumimos todos estos elementos definitorios, vemos que el derecho penal no es otra cosa que la competencia de los poderes públicos para imponer a quien comete una infracción grave y culpable de la ley, una desventaja (dolor o perjuicio), de acuerdo a normas materiales y procesales.

Respecto a los tres objetivos citados de la pena, este concepto de derecho penal ya nos permite una primera apreciación. Ella conduce en último término a una «teoría de la unificación».

Así tendríamos un *octavo elemento*. Con el concepto (neutral, no lo olvidemos) de la retribución, se interpreta correctamente la estructura fundamental de la pena jurídica y, a la vez, se establece un principio para el grado de la pena. Sin embargo no se dispone de una definición suficiente; los otros aspectos pueden tener justa relevancia tanto respecto al tipo de pena como a la modalidad y finalidad de su cumplimiento. Ellos completan por tanto la idea de retribución, pero no pueden corregirla y menos aún suprimirla.

En el marco de la retribución hay lugar tanto para la intimidación como para la corrección. La intimidación sirve al objetivo general del derecho penal –el mantenimiento del orden jurídico– tanto en su forma negativa: el impedimento de actos delictivos, como en la positiva: reforzar la lealtad a la ley. Y de no haberse logrado impedir el quebrantamiento de la ley, se habrán de hacer todos los esfuerzos posibles por impedir la reincidencia del transgresor y ofrecerle una nueva oportunidad de integración social y profesional. También la corrección constituye un objetivo secundario necesario, pero en absoluto el objetivo capital del derecho penal. Puesto que sería absurdo, por ejemplo en el caso de delitos de homicidio, dar la preferencia a la educación del asesino, es decir, al impedimento de la reincidencia, frente al impedimento de primeros crímenes. A ello se suma la circunstancia de que habría que dejar impunes a delincuentes cuya culpabilidad fue probada sólo muy tarde, caso de que ellos se hayan comportado durante el tiempo hasta entonces transcurrido en plena conformidad con la ley. Ello puede tener su sentido en el caso de pequeñas infracciones, pero apenas en el caso de un claro asesinato. Y al tratarse de delitos tan graves como genocidio, crímenes de guerra o contra la humanidad, tiene perfecto sentido la suspensión de la prescripción usual en los demás casos. Aunque habrá que cuidarse de medir con doble criterio: el que (por razones de oportunidad) se persigan «implacablemente», con toda razón, sólo algunos casos probados de genocidio, mientras que en otros se proceda sin mayor entusiasmo y, en otros, incluso se los ignore, constituye una injusticia manifiesta.

Repetimos: el concepto de la pena permite una evaluación de las teorías penales dominantes; mas no una justificación de la competencia penal. Por lo demás, pese a toda la profusión de teorías penales hay sorprendentemente pocas reflexiones sobre la legitimación de la competencia penal. Incluso en importantes exponentes de la filosofía jurídica y política echamos en falta tales ensayos de legitimación. El mismo Rousseau, por ejemplo, habla afirmativamente de la pena de muerte en *Du Contrat Social* (libro II, capítulo 5), dando así tácitamente por supuesta la existencia de la competencia penal. Sin embargo no hace el intento de justificar tal competencia.

La justificación de una competencia penal pública depende de los derechos que tenga un Estado en general. La tarea principal, su competencia respecto al ordenamiento jurídico, es evidente. Y por supuesto que aquí se da algo más que sólo una competencia: la protección del ordenamiento jurídico en el interior y hacia el exterior significa una obligación de la que no se puede eximir ningún Estado. Y con esta obligación se señala la estrategia para legitimar una competencia penal: exactamente en el momento en que el Estado precisa de la pena criminal para garantizar el derecho, es cuando le corresponde también una competencia penal; pero ésta no le corresponde cuando la pena criminal impide garantizar el derecho o, tal vez, incluso lo contradice.

La compleja formación que denominamos ordenamiento jurídico consta de al menos dos clases de normas. Ambas clases están ligadas a un poder coactivo. El tipo de coacción es sin embargo fundamentalmente diferente en ambas –algo que ha pasado por alto una teoría jurídica dominante durante mucho tiempo, la teoría de los imperativos defendida desde Hobbes pasando por Bentham hasta John Austin (véase Höffe 1987, capítulos 5-6). Una de estas dos clases define las condiciones bajo las que determinadas acciones se convierten en actos jurídicos válidos. Las normas correspondientes, sobre todo las del derecho civil, consisten en prescripciones de procedimiento y de forma. Ellas definen cómo se adquieren títulos de propiedad y cómo se venden; cómo se contrae matrimonio y cómo se consuma un divorcio; cómo adquiere validez jurídica un testamento, etc. Estas normas tienen carácter coactivo en la medida en que, caso de que no se respeten, no se realiza el acto jurídico buscado; el asunto será nulo, pero de ahí no se deriva pena alguna.

La situación es distinta al tratarse de la segunda clase de normas: éstas no sólo consisten en prescripciones formales sino también en interdicciones, a cuyo desacato se halla ligada la institución de la pena criminal. La primera clase de normas es de naturaleza hipotética; el derecho deja a cargo del afectado la cuestión sobre si él desea el correspondiente acto jurídico; aquí reina la llamada autonomía privada. Y todo aquel que tiene voluntad de realizar ese acto, queda sujeto a las correspondientes prescripciones formales. Por el contrario, las leyes penales tienen validez categóricamente: independientemente de la voluntad de uno, está terminantemente prohibido matar, robar, falsificar documentos, etc. Una legitimación de la pena criminal tendrá entonces que mostrar, primero, por qué están categóricamente prohibidas tales acciones y, segundo, por qué se precisa de la pena criminal para imponer las prohibiciones. Como no es nuestro propósito desarrollar una teoría exhaustiva del derecho penal no precisamos analizar al detalle estos dos pasos de legitimación; baste con señalar el respectivo núcleo legitimatorio.

El primer paso muestra las prohibiciones mencionadas como lado inverso de reclamaciones legítimas, de derechos humanos en último término (y, en este sentido, de validez universal): como todo ser humano tiene un derecho al cuerpo y a la vida, está prohibido matar; como se precisa de propiedad (funcional para la libertad) para que pueda haber un margen de libertad de acción, está prohibido robar; y así sucesivamente. En principio, toda persona tiene un interés en las correspondientes prohibiciones.

Así llegamos al *noveno elemento*. Éstas sirven al bien público, y no sólo en el sentido más débil, colectivo, sino en el más fuerte, distributivo: repercuten no sólo en beneficio de una mayoría sino de cada uno en particular; ante todo posibilitan en parte la capacidad de acción de cada uno y, en parte, su capacidad jurídica (véase la idea de los intereses transcendentales y del trueque transcendental en el capítulo 7).

Este modelo de argumentación tiene dos ventajas. Por un lado no se remite a peculiaridades culturales, siendo por ello apropiado para un discurso intercultural jurídico-penal; por otro, no da carta blanca al derecho penal, sino que vincula legitimación y limitación: donde no se hallan en juego aquellos bienes jurídicos elementales que tienen dignidad de derechos humanos, no es lícito aplicar la *ultima ratio* de la fuerza pública, el derecho penal. Aquí se perfila un alto potencial de crítica, concretamente un patrón hacia la liberalización en el sentido de descriminalización: el derecho penal no es ningún instrumento para el control general del comportamiento. Aunque las sociedades tienen el derecho a defenderse frente a tendencias globales de uniformización, y a mantener particularismos tales como religión, tradición y costumbres, no es suyo sin embargo el derecho (moral) de aplicar leyes penales con esa finalidad. Muy al contrario: el ámbito mucho mayor de las normas sociales, y su control, ha de ser diferenciado del ámbito de las normas jurídico-penales, mucho más estrecho y altamente necesitado de legitimación.

Aun cuando el Occidente «liberal» no tiene mayores dificultades con esta diferenciación, en el discurso jurídico-penal intercultural debe cuidarse de aplicar el patrón citado con actitud pedante y arrogante. Aquí habrá que proceder con modestia y circunspección, y ello por tres motivos (véase Höffe 1996, capítulos 3-4): en primer lugar, la idea filosófica de los derechos humanos no coincide ya con un determinado catálogo de derechos humanos; en segundo lugar, también en el caso de los derechos humanos se da la tarea de procurar un núcleo universal con el elementos de la cultura respectiva, pudiendo aquí las diversas culturas aprender unas de otras (véase Wiredu 1996, 7, 181); y, en tercer lugar, otras culturas jurídicas tienen el mismo derecho que «el Occidente» a verse reflejadas en los derechos humanos, y a realizar desde sí mismas los procesos de aprendizaje y transformación necesarios para ello. De nuevo no hay que olvidar que no sólo Atenas y Roma, sino también el judaísmo y el cristianismo, toleraron durante siglos la esclavitud y la desigualdad de hombre y mujer; y que la primera declaración de los derechos humanos, la *Virginia Bill of Rights*, fue proclamada en un «Estado esclavista» y tras haber sido diezmada la población primitiva. Por otra parte, en el discurso jurídico-penal intercultural, está perfectamente permitido aportar todo el potencial crítico citado.

Pese a que, en principio, el reconocimiento de los derechos humanos repercute en provecho de cada uno, puede darse en un caso particular –así reza el segundo paso legitimatorio– que el desacato de prohibiciones comprometidas con los derechos humanos pueda aportar ventajas a una parte, supuesto naturalmente que las otras acaten tales prohibiciones. Para impedir una situación donde algunos se beneficien de las ventajas del ordenamiento jurídico sin estar siempre dispuestos a pagar un eventual precio, es decir, para impedir en el tráfico jurídico, por decirlo así, «pasajeros sin billete», el Estado impone una desventaja.

Nuestro *décimo elemento* es esta desventaja por desacato de las prohibiciones, una pena que ha de ser tan dura que anule la ventaja. Más exactamente: el perjuicio a esperar, o sea, el producto de la pena a esperar y de la probabilidad de ser descubierto y penado, ha de ser superior a la ganancia esperada, o sea, al producto de la ventaja y de la probabilidad de que ésta ocurra. En consecuencia, cada uno sabe, supuesto que obre consciente y voluntariamente, que no «merece la pena» –nunca mejor dicho– la infracción. Con ello se asegura el ordenamiento jurídico, en parte en prevención positiva y, en parte, negativa.

Es evidente que aquí se puede hacer la objeción de que, con harta frecuencia, no se da tal supuesto. De hecho, muchas acciones delictivas son producto de la pasión, mientras que otras ocurren por error de los hechos o de prohibición. Tales circunstancias pueden constituir un atenuante legítimo, incluso a veces servir de excusa; y hasta es posible que incluso se pueda justificar un hecho, por ejemplo como legítima defensa. Entre las tareas más importantes de un proceso penal se cuenta el determinar si existen tales motivos. Puesto que también en esto se diferencia la pena criminal, como ya dijimos antes, tanto de las acciones guiadas por un instinto de venganza como de «penas naturales»: por indagar primero cuidadosamente los hechos antes de ser cumplida, y por ofrecer previamente la oportunidad de defensa y descargo.

Una teoría exhaustiva del derecho penal y de la pena podría tematizar la idea de Nietzsche de que «con el fortalecimiento de su poder, una comunidad ya no otorga tanta importancia a las faltas del individuo»

(Nietzsche 1887, 308). Consideremos esta tesis como hipótesis.

Éste será nuestro *undécimo elemento*: «Cuando crece el poder y la autoconciencia de un ente común, entonces también se suaviza el derecho penal» (ibíd., 308s.). Sin embargo, aquí habría que diferenciar, por ejemplo, entre el derecho penal y las consecuencias jurídico-penales. Y lo que podría convencer al tratarse de la llamada criminalidad ordinaria, apenas si es el caso cuando son «delitos de los gordos y poderosos» quienes, en su condición de políticos, líderes militares o directores de empresas y, especialmente, de capos del crimen organizado, practican la delincuencia a gran escala: desde el genocidio hasta los crímenes de guerra, amén del narcotráfico y la corrupción hasta la delincuencia económica, fiscal y ambiental.

Como *duodécimo elemento* hagamos un balance. Una teoría objetiva de la pena criminal pública entiende a ésta como reacción *«post et propter»*, y por ende como retribución para la cual establece dos condiciones que la limitan. Ambas son válidas sin compromisos, antepuestas a todas las reflexiones sobre prevención y resocialización, pudiendo ser consideradas en el sentido de Kant como imperativos jurídicos: la fórmula de una norma de derecho penal sería: «quien haga x, será penado con y» (por ejemplo: «quien mate premeditadamente a una persona, será condenado a no menos de cinco años de reclusión mayor»). La primera obligación categórica, la retribución general, dice que el consecuente («...será penado con y») sólo está justificado en relación con la premisa («...quien haga x»). Además, el consecuente sólo es legítimo bajo la condición de que la premisa no signifique una infracción a una norma cualquiera, sino la violación de una norma jurídica elemental y que, además, pueda ser atribuida al delincuente. Brevemente: la competencia pública para la pena criminal se da sólo en contra de un delincuente consciente de sus acciones (principio de la culpa). La segunda obligación categórica, la retribución especial, exige del legislador que fije el grado de la pena expresado en el consecuente, en consonancia con la gravedad del crimen indicado en la premisa; y, por otra parte, exige del juez que éste se oriente sólo por la gravedad de la infracción a la norma: se puede penalizar exclusivamente en conformidad con el delito cometido.

En los conceptos de retribución general y especial, la definición retributiva del derecho penal desarrolla un doble significado criteriológico. Ella es la que determina tanto a la única víctima legítima de la pena criminal pública, como también el único criterio legítimo para el grado de la pena. Al contrario del esbozo de Kant, aquí se ofrece sólo un criterio formal y ningún tipo de materia de la pena. El carácter categórico de ambos criterios consiste ahora en que han de ser respetados incondicionalmente y, respecto a intereses u obligaciones submorales, sin excepción. El que sea penalizado sólo el culpable del delito, y que la pena se oriente sólo por la gravedad del crimen, constituyen dos exigencias de las que el derecho penal no puede apartarse, ni en beneficio del bienestar colectivo ni a favor del delincuente.

Como quiera que tanto la retribución general, la correspondencia entre delito y pena, como también la retribución especial, la correspondencia entre las proporciones del delito y el grado de la pena, no obedecen a reflexiones empíricas sino a ponderaciones de justicia, la justificación correspondiente ha de ser designada como no empírica; lo que los filósofos llaman *a priori*. Pero un carácter no empírico lo tiene sólo el fundamento de la obligación y no la reflexión a base de la cual se logra la correspondencia: el legislador para los diversos tipos de casos, y el juez, para los casos individuales. Y en estas reflexiones no sólo hay un espacio legítimo para ponderaciones de la prevención y resocialización, sino que incluso se las exige.

Lo que sucede después del crimen –en el supuesto de que éste haya sido esclarecido–, la penalización, es algo que está fijado ya antes y con lo cual, debido a esa fijación previa, se amenaza. Esta prefijación –«*nulla poena sine lege*»– es incluso un criterio de la justicia. Debido a la amenaza de penas, que temporalmente precede a todo delito, el derecho penal incorpora *eo ipso* un momento intimidatorio. Y pese a que la intimidación no está declarada como objetivo de la penalización, no es concebible un derecho penal sin ella. Además, como quiera que ella sea un medio imprescindible para garantizar la ley, la cual posee a su vez un rango moral, también recae sobre la intimidación un peso moral.

Para impedir infracciones a la ley, sin embargo, la intimidación no es el único medio. Como quiera que ésta presupone una acción premeditada, allí donde no se dé tal requisito se precisará de una garantía jurídica básicamente distinta. Donde tenga lugar una mera negligencia, por faltar premeditación, no se puede aplicar *per definitionem* la intimidación. Aquí encontramos el lugar tal vez más importante para la resocialización desde el punto de vista de la teoría de la legitimación. Por decreto y con medios públicos se intenta reconducir a personas a la capacidad de premeditación que, como en el caso de los drogadictos, ya la han perdido en parte. Y en el caso de los otros, de los delincuentes con premeditación

–una vez fracasada la intimidación– se emprende el difícil (en extremo) intento de cambiar sus actitudes. En todo caso, también la tercera de las teorías del derecho penal hoy defendidas se puede combinar con la teoría de la retribución, naturalmente que, en sentido teórico-legitimiatorio, sólo si se reconoce como prioritaria la idea de la retribución. Al lado del objetivo capital que es garantizar el derecho, la intimidación y la resocialización constituyen solamente, pero al menos esto, dos objetivos secundarios legítimos.

11. La moral jurídica europea o moderna (II): la democracia

Tras los excursos sobre Esquilo y la legitimación de la competencia penal pública, nos centraremos ahora en el segundo elemento de la moderna moral jurídica: ¿existe también para la democracia un modelo de legitimación que se libere de premisas europeas y aplique argumentos de índole humana universal? La cuestión va más allá del tema «derecho penal intercultural» toda vez que el autor –en contra de Habermas (1992, 133ss.)– no considera la democracia a un nivel superior a los derechos humanos, ni en el aspecto teórico-jurídico ni en el práctico-jurídico. Para analizar este disenso, aunque también debido a que la realización plena de los derechos humanos, incluida su definición general y su garantía, se halla en relación con el desarrollo de la democracia, no voy a dejar aquí totalmente de lado esta cuestión. A su favor habla también el hecho de que las democracias que conocemos en nuestras latitudes están particularmente abiertas a los argumentos interculturales.

Comencemos con dos observaciones. Por un lado, también Europa ha practicado las alternativas «no europeas» a la democracia –el poder de uno solo (monarquía), o el poder de un grupo (aristocracia)–, justificándolo a base de conquistas y de un poder superior, o «por la gracia de Dios». Aparte de ello, tampoco en Europa encontramos por doquier una democracia de larga tradición; éste es el caso sólo en unos pocos lugares y para una época de transición. El gran ideal, la república-ciudad según el modelo de la *polis* ateniense de los siglos V y IV a. C., ni siquiera se impone en toda Grecia –en Esparta concretamente– por no hablar del exterior (véase Farrar 1988; Hansen 1989). Por otro lado, aún sigue faltando una historia o, al menos, un compendio sobre iniciativas y elementos de índole democrática fuera de Europa (sobre sistemas democráticos en el África antigua véase Fortes/Evans-Pritschard 1940; Mutiso/Rohio 1975; Busia 1967 y Wiredu 1996). Aun cuando el nombre se lo debemos a los griegos que contaban con una experiencia insólitamente rica tanto en la práctica como en la teoría constitucional (para una exposición exhaustiva actual véase Bleicken ²1994; Hansen 1991 y Meier 1980, con un énfasis distinto en sus panorámicas), la idea en sí no es exclusivamente herencia europea o euroamericana como supone Derrida (1992, 57). Existen ejemplos convincentes de este fenómeno fuera de Europa: en África, por ejemplo, tenemos una modalidad de asamblea con tradición secular, el «parloteo», donde –sin la usual premura de nuestros parlamentos para decidir– se trata, a través de un consenso unánime en el que ha de confluir toda deliberación, de llegar a una decisión donde está representada, en lo substancial, la opinión de cada uno; con ello se persigue, entre otras cosas, garantizar al máximo la protección de las minorías (Wiredu 1996, 177, 185d., 189s.). (Por lo demás, el hecho de que incluso en nuestras enciclopedias modernas no se haga el esfuerzo por ampliar los horizontes en el tema de la democracia, por ejemplo Barber 1991, habla realmente a favor de un etnocentrismo euroamericano.)

Así pues, en una perspectiva sociohistórica, la democracia no es un concepto específico de una región, ni en el sentido de que no hayan existido tradiciones democráticas fuera de Europa, ni tampoco en el de que la democracia ya haya sido practicada siempre y por doquier en Europa. Y esta visión de la democracia como fenómeno no específicamente europeo bien podría facilitar su reconocimiento por parte de otras culturas.

Una segunda observación: como es conocido, en la filosofía política europea encontramos críticas de diversa índole a la democracia. Y debido a que ella se da fundamentalmente en pensadores tan eximios como Platón, Aristóteles y Kant, bien pudiera una crítica actual tratar de apoyarse en ellos. Sin embargo, el concepto de democracia de los críticos citados se diferencia del concepto hoy dominante. Platón y Aristóteles utilizan el concepto de *demos,* no para designar la totalidad de un pueblo, como es usual en el griego clásico, sino, en sentido polémico, como nombre de partido de aquéllos que han impulsado en Atenas las reformas democráticas: como calificativo de la masa sin recursos, del «montón», de la gente sin particulares competencias para la política. Tucídides (*Guerra del Peloponeso*

II 37) deja a cargo del demócrata Pericles la explicación de la autoconcepción ateniense: éste remite al hecho de que la totalidad del pueblo, el *demos*, expresado en el nombre de esta forma política, no excluye en principio a nadie de la participación, salvo en el caso de incapacidad. Sin embargo, estas palabras puestas en boca de uno de los apologetas de la democracia ateniense no deben hacernos olvidar que tal democracia encierra una doble limitación. Por una parte se hace una delimitación «hacia abajo»; el *demos* comprende sólo a los ciudadanos de pleno derecho, excluyendo a las mujeres, a los semilibres, a los inmigrados (metecos) y, por supuesto, a los esclavos. Por otra, también practica un distanciamiento «hacia arriba» que justifica la crítica platónico-aristotélica: en el uso lingüístico de la práctica política diaria, el *demos* «propiamente dicho» es el pueblo por oposición a los nobles; la masa de las capas bajas o gente corriente, la *plebs*, por oposición a aristócratas o patricios. Este *demos* suele actuar como bloque en la asamblea popular, de manera que en ella se imponen los desenfrenados intereses de los pobres e ignorantes («poder del populacho»), como expresan las críticas de Platón (*Politeia* VIII 557a) y Aristóteles (*Política* III 7, 1279b 8ss.; II, 1281b 25ss; IV 4, 1290b 1s.) con diversos argumentos. Los escépticos de la democracia es posible que aún hoy quieran ver tales peligros, mas éstos no afectan al significado primario, teórico-constitucional, de la democracia: todo poder emana del pueblo. Kant, por su parte, en el pasaje correspondiente de su tratado *Sobre la paz perpetua* (Primer Artículo definitorio), entiende por democracia ciertamente el poder de todos, pero en la medida en que éste se presenta sin división de poderes. A diferencia de la república, él la designa como aquella democracia no representativa o directa, donde el legislador es a la vez ejecutor de su propia voluntad; y ahí es donde, con buenas razones, ve un despotismo.

Sin embargo, Platón, Aristóteles y Kant ofrecen, si bien indirectamente, criterios para un concepto adecuado de democracia. Para contrarrestar la crítica platónico-aristotélica, la democracia habrá de cuidar –como más tarde lo formulará el teórico de la democracia, Alexis de Tocqueville (1935-40/1962, tomo II 322)–, de que no se produzca una tiranía de la mayoría. Y, al reconocer la democracia la división de poderes y la protección de minorías, también queda rebatida la objeción kantiana.

Hoy se suele argumentar a favor de la democracia con la tesis kantiana sobre su fuerza promotora de la paz, formulada en el tratado sobre este tema. En la medida en que esta fuerza se da de hecho en las democracias realmente existentes, el argumento ofrece una razón más a favor de la democracia (véase Pfetsch 1998; para un balance provisional más escéptico, Höffe, capítulo 5.3; el mismo Tucídides es a este respecto más que escéptico, véase su descripción de la creciente belicosidad del *demos* antes del comienzo de la «expedición siciliana», *Guerra del Peloponeso* VI, 8-32). Mas como quiera que se trata de una razón meramente instrumental –aquí no aparece la democracia como algo razonable en sí mismo– no se la puede reclamar *per se* a las demás sociedades, y menos a todas. A aquellas sociedades que, aun sin democracia, vivieran rigurosamente en paz, no se las podría obligar entonces a democratizarse. Por consiguiente, en lo que sigue dejaremos a un lado este aspecto de la democracia relevante para la paz.

El término «democracia» es pluridimensional, tal vez incluso ambiguo. La cuestión de si existe un concepto de democracia no limitado a Europa sino interculturalmente válido, no se puede responder por ello de manera global. Más aconsejable es hacer, por tanto, un recorrido por las diversas dimensiones del concepto. En ellas aparece respectivamente una diferente alternativa a la democracia. Si nos dejamos inspirar tanto por las experiencias de la Atenas clásica como de la Edad Moderna europeo-norteamericana, se nos presentan al menos siete dimensiones. De ellas, la primera y la segunda constituyen el núcleo legitimatorio de la democracia; la tercera conduce a la democracia como forma de organización, mientras que las dimensiones comprendidas entre la cuarta y la séptima representan condiciones de su perfeccionamiento:

(1) El concepto de la democracia como *legitimadora del poder* constituye el primer elemento de su núcleo legitimatorio; la democracia es un poder que emana del pueblo («*government of the people*»). El poder público tematizado por Esquilo, el tribunal penal, aún tiene un origen divino al haber sido instituido por la diosa Atenea. Por el contrario, en la democracia, tanto su propia legitimación como la de los otros poderes públicos –se trata de un dominio de personas sobre personas– parte de los mismos interesados. Al concepto de derecho pertenece el poder coactivo; al concepto de ente común (estatal), la desprivatización, el carácter público del poder. En la democracia, su legitimación se halla a cargo de los interesados, del pueblo, en la medida en que se entienda por pueblo la totalidad de los miembros de una comunidad de derecho, y ello

no en un sentido colectivo sino distributivo; el poder se justifica por la aprobación de cada uno de estos miembros. Según su dimensión profunda, la democracia es un poder fundado en la «voluntad del pueblo». (Esquilo ya hace entrever esta dimensión cuando en las *Euménides* pone en boca de Atenea: «ni anarquía ni despotismo» (v. 696), es decir, ni libres de dominación ni bajo dominación extranjera.) El concepto opuesto a la democracia como poder que arranca del pueblo, es el de dominación generada por sometimiento, por un poder superior o «por la gracia de Dios».

Una legitimación de la primera dimensión de la democracia se apoya, independientemente de premisas específicamente europeas, en el principio humano general *«volenti non fit iniuria»*, por lo demás un principio de la teoría contractual legitimatoria. De acuerdo con él, un poder autoimpuesto, y únicamente él, pierde el carácter de ilegitimidad. Una vez que el poder se anula a sí mismo allí donde el autor de ese poder coincide con su receptor, bien se podría calificar con Platón (*Politeia* VIII 558c) a la democracia «exenta de poder» (*anarchos*) y, a diferencia de Platón, entender esta propiedad en sentido positivo. Mas como quiera que los poderes públicos se mantienen, esta designación puede dar lugar a malentendidos e incluso inducir a error.

(2) Según el segundo elemento central de la democracia, el asentimiento de parte de los miembros de una comunidad de derecho, ocurre sobre la base de una ventaja en el remanente. Nuevamente, lo importante es aquí una comprensión en sentido distributivo, no meramente colectivo, además de un criterio válido culturalmen-

te indiferente: según su concepto intencional, o de la democracia como *normadora del poder*, ésta trata de servir al pueblo en el sentido de cada uno de los interesados («*government for the people*»). Se obliga al bien común en la medida en que éste consiste en aquellos intereses absolutamente comunes que corresponden a los derechos humanos; sólo en un sentido –secundario desde el punto de vista legitimatorio–, se trata también de intereses de la mayoría. El concepto opuesto a esta democracia lo constituye un poder que es ejercido en beneficio de sus detentadores.

(3) A estos dos conceptos primarios se ha de agregar el concepto de la democracia como *realizadora del poder*: la democracia como forma de organización del ente común y como compendio de los derechos de participación democrática. Tampoco este concepto responde a premisas específicamente europeas: que el poder que emana del pueblo y está al servicio del pueblo sea ejercido precisamente por ese mismo pueblo («*government by the people*»). Ello ocurre directamente en la asamblea popular ateniense donde reina la *isegoria*, el derecho a la palabra e incluso a la moción –al menos indirecta– de cada ciudadano, de manera que no sólo sea todo libremente discutido *ante el pueblo*, sino también *desde el pueblo*. O bien esto ocurre a través de representantes que son elegidos en elecciones generales, libres y equitativas, o bien por consenso general de las asociaciones familiares consultivas (Wiredu 1996, 184), y que se presentan a las elecciones o bien directamente o a través de agencias mediadoras, de los partidos. (Sólo entre paréntesis: aun cuando la democracia en cuanto forma de gobierno no esté vinculada

a premisas europeas, ella podría depender de requisitos sociales, económicos y culturales, por ejemplo de un determinado nivel de educación, que no se dan en todo lugar. Por lo demás, la archidemocrática institución del «parloteo» africano ya demuestra que estos requisitos se pueden dar en las más simples sociedades tribales; incluido un sistema educativo que otorgue valor al ejercicio de la argumentación racional, véase Wiredu 1996, 186). Las primeras tres dimensiones integran juntas aquella famosa fórmula de la democracia que el presidente norteamericano Abraham Lincoln proclamó durante la Guerra de Secesión en la «Gettysburg Address»: la democracia como *government of the people, by the people, for the people*. Mas quien defina la democracia sólo de acuerdo a estas dimensiones, está simplificando considerablemente la cuestión.

(4) El concepto de la democracia como *garantizadora de la ley*: en los tiempos antiguos, el *nomos*, la unidad de costumbres, tradición y leyes, constituye un principio que a veces se respeta y otras se desacata, pero que, al menos en sus elementos esenciales, nunca puede ser reemplazado. Aunque tampoco la democracia primitiva, aquí como forma de organización, está por ejemplo considerada como instancia rectora del Derecho. El concepto legislatorio de la democracia, la sexta dimensión, tampoco es central; caso de que no sea desconocido. Por el contrario ya se practica un significado subsidiario de la democracia: a través de la obligación de los funcionarios a rendir cuentas ante la asamblea general, la democracia debe garantizar la obediencia a la ley. Aquí se presenta la democracia como un instrumento

del derecho: como su garantía institucional fundamentalmente desvinculada del carácter de los gobernantes. Por consiguiente, lo que cuenta ya no es el carácter de las personas, como antes era casi siempre el caso, sino que son las instituciones las que ejercen una función exonerante. El concepto opuesto a la democracia como garantizadora de la ley (en la Modernidad igual al Estado constitucional y de derecho) no lo son la monarquía o la aristocracia, sino aquellas otras formas de dominación que violan la ley: el despotismo, la dictadura o el Estado totalitario. Sin embargo, las instituciones democráticas como, por ejemplo, la obligación de los funcionarios a rendir cuentas ante el pueblo, no pueden garantizar por sí solas el derecho; por ello está justificado el escepticismo expresado desde la antigüedad frente a la capacidad de la democracia para garantizar la ley (por ejemplo, Aristóteles, *Política* IV 4). También la democracia como forma de organización, el autogobierno del pueblo, no convierte al pueblo en señor sobre el derecho, siendo más bien la misión de éste, entre otras, protegerse frente a una posible violación de las leyes por parte del gobierno.

(5) También el concepto de la democracia como *controladora del poder* sirve para garantizar las leyes. Según este concepto, la democracia se somete a una autolimitación. Pese a que todo poder emana del pueblo, éste, el pueblo, no lo ejerce de una manera global, sino que se somete a la división de aquellos poderes públicos que ya Aristóteles constata respecto a la práctica política de su tiempo (*Política* IV 14, 1297b 37ss.): de la legislación, del gobierno y del régimen judicial. A ello hay que añadir un foro público político, formado por los medios de

comunicación y a completar con academias políticas e instituciones similares. Dicho sea de paso, a este tipo de democracia divisora de poderes, Kant la llama república (*Sobre la paz perpetua*, segundo párrafo, nota al primer Artículo definitorio: Akad. Ausgabe VIII, 352); su correspondencia en Grecia es considerada también por Aristóteles (*Política* IV 8-9) como la constitución óptima, bajo el nombre de *politeia* (*politie*).

Como quiera que una democracia sin división de poderes no logra aportar la buscada garantía de la ley, pero ésta forma parte de las tareas inalienables de legitimación de todo poder, independientemente de Europa, la división de poderes es componente irrenunciable del concepto de una democracia legítima. De ahí que la encontremos realizada, y frecuentemente con todo rigor, también en sistemas democráticos no occidentales (sobre el grupo de la tribu Akan en Ghana, véase Wiredu 1996, 161-165). Y por supuesto que también se puede introducir la división de poderes como factor propio de legitimación que pertenece a las condiciones mínimas de toda legitimidad, no sólo de la democrática. Particularmente la independencia del régimen judicial está de hecho reconocida mucho más allá de los límites de la democracia.

(6) El concepto de la democracia como *legisladora*: en el período más largo de la historia jurídica, el derecho es, como venimos diciendo, algo preexistente. En caso de conflicto se da siempre la preferencia al derecho más antiguo frente al nuevo (véase *Deutsches Rechtswörterbuch*, 1939, Art. «Gewohnheit», 814-816). El derecho más antiguo, al menos en el caso del penal, tiene de su parte la presunción de ser correcto, mientras que

con el nuevo existe al menos el riesgo de que se produzca un empeoramiento. En este sentido habla también Atenea refiriéndose al areópago: «Sobre este monte, el Respeto y el Temor, hermanados, mantendrán día y noche a los ciudadanos lejos del crimen, a no ser que ellos mismos cambien sus leyes: quien con flujos impuros y fango enturbia el agua cristalina de una fuente ya no beberá más de ella» (*Euménides,* v.690-694). La situación es muy distinta en el caso de aquel cambio fundamental a que nos referimos en su momento, que no sólo encierra una reforma jurídica, sino que significa una innovación verdaderamente revolucionaria: la substitución de la venganza por una expiación guiada y regida por la ley, por la pena jurídica.

Bajo la condición de que al menos una gran parte de las leyes siempre existió ya antes, queda poco espacio a la legislación. Sin embargo, en la Edad Moderna parece cambiar radicalmente esta situación: la ley es elaborada y luego promulgada por el órgano competente, generalmente por el parlamento; la nueva ley está considerada como la mejor, y anula a la antigua. Pese a todo, al tratarse del derecho penal, estas modificaciones son relativamente escasas.

Se puede entender el nuevo concepto de la democracia como legisladora, como una continuación de los conceptos 1 y 3, concretamente del concepto de la democracia como realizadora de poder (3), y considerarlo luego como válido independientemente de una cultura. Algo que según Tucídides (*Guerra del Peloponeso* II 37) ya se practicaba en Atenas –como característica de la constitución ateniense, Pericles alaba en su famoso discurso propagandístico, en el *epitaphios,* la armonía sin par entre las instituciones atenienses democráticamente establecidas, y la voluntad de cada ciudadano individual, gracias a la cual se hizo posible una ejemplar desenvoltura en el trato social– y que ahora parecería realizarse plenamente: el pueblo exige el poder sobre todas las leyes, a las cuales él mismo queda sometido en adelante. Pero al lado de este aspecto, también hay otro, genuinamente moderno, y debido a él no se puede afirmar que la sexta dimensión sea absolutamente de naturaleza humana universal, aunque sí una consecuencia prácticamente inevitable de la modernización: dentro de la dinámica de la sociedad, característica de la Edad Moderna, se presentan siempre nuevas tareas de regulación, lo cual conduce a una legislación permanente. Aparte de que la reglamentación es permanentemente comprimida y depurada («profusión sincrónica de normas»), tiene lugar además un continuo proceso de enmiendas («profusión diacrónica de normas»), en parte porque una ley ha sido sancionada con cierta rapidez y, en parte, por cambiar las condiciones marco. Sin embargo no se ha de sobreestimar el alcance de la sexta dimensión: una buena parte de las enmiendas no toca el núcleo de las normas, intentándose más bien adaptar este núcleo a condiciones y criterios de naturaleza humana universal. Lo que en los tiempos antiguos era el *nomos* y, en Tucídides, la ley no escrita, es decir, algo que de ser violado acarrea *aischyné*, vergüenza, deshonra (*Guerra del Peloponeso* II 37), lo son para la democracia moderna esas directrices de índole humana universal con rango de derechos humanos. Aunque es bien posible que el principio de la vergüenza haya perdido todo su poder disuasorio, de manera que se precisen otros controles respecto al reconocimiento de esas directrices (véase al respecto Williams 1994).

132

Por lo demás, la doble profusión de normas, unida al creciente derecho de intervención de los tribunales, tiene una grave consecuencia antidemocrática. Dado que el ciudadano corriente puede confiar cada vez menos en su propia competencia –una mezcla de conocimientos jurídicos elementales y de una «conciencia natural del derecho»–, se halla cada vez más en manos de una competencia ajena, es decir, de los expertos en derecho. Una dependencia que, con harta frecuencia, limita sensiblemente su autonomía fáctica.

(7) El concepto de la democracia como *social*: para que no se llegue a aquel poder desenfrenado de pobres e ignorantes que temían Platón y Aristóteles, se cuida de crear mejores condiciones, de elevar el nivel de vida y de la educación. Aquí, a los anteriores conceptos de democracia, jurídico-constitucionales en sentido amplio, se suma otro personal y, además, democrático-funcional, aparte de una ciudadanía capaz de democracia. Para evitar un reduccionismo a lo económico, ya no se denomina a esta ciudadanía la sociedad burguesa, sino que se prefiere hablar de sociedad de los ciudadanos, o también de sociedad civil. Aunque ambas expresiones –*societas civilis, civil society*– aun no poseyendo el temido reduccionismo, tampoco hace posible una diferenciación precisa entre sociedad burguesa y sociedad civil. La institución democrática del «parloteo» africano muestra por lo demás que no se deben vincular demasiado estrechamente los requisitos sociales a esa unión, característica de la Europa moderna, entre democracia y sociedad burguesa.

Con esta referencia a África podemos cerrar nuestro rápido recorrido por las diversas dimensiones; ella demuestra una vez más que la democracia no es una forma de dominación específica de Europa. Y ni siquiera se halla ligada a los otros factores de aquel ideal de civilización sospechoso de eurocentrismo. Los presupuestos sociales de la democracia pueden ciertamente ser promovidos por la tríada «ciencias naturales, medicina y técnica» y por una administración racional, en la medida en que ello, en parte directa y en parte indirectamente, eleva el estándar de vida y el nivel educativo de todos los ciudadanos. Pero como ha mostrado nuestra mirada a las prácticas democráticas de las culturas africanas, los presupuestos sociales no están ligados a estos factores.

Nuevamente se plantea la cuestión de si el elemento de la igualdad y, ahora, el de la igualdad política, que no es europeo y sí de naturaleza humana universal, puede ser considerado como «moderno». La respuesta se atiene al modelo ya esbozado en el caso de los derechos humanos: la democracia es moderna en la medida en que no todas las culturas sacan la correspondiente consecuencia jurídica a partir de la idea humana general de la igualdad y, de acuerdo con ella, empujan a una igualdad en la dimensión de la legitimación (1), de la ejecución (3) y de la intención del poder (4), así como, más allá de éstas, también en las restantes.

12. Principios abiertos a las culturas

Nuestro resultado provisional es el siguiente: los derechos humanos y la democracia no son fenómenos específicamente europeos u occidentales; en ellos irrumpe algo humano universal. Cuando decimos «irrumpe», estamos apuntando a un momento evolutivo. En la medida en que es en Occidente donde se logra este progreso, y no en otras culturas, éstas últimas parecerían estar menos desarrolladas; y aquí ya detectamos aquella tendencia a la arrogancia contra la que se defienden las demás culturas. Sin embargo, esta supuesta evolución del derecho ¿evidencia realmente una arrogancia? En primer lugar, «Occidente» no entiende la evolución en relación con otras culturas, sino consigo mismo, con su propio pasado. Si la Edad Moderna es arrogante, lo es en primer lugar frente a la Edad Media y la antigüedad clásica; y como lo demuestran las diversas fases del nuevo nacimiento de la antigüedad (el «Renacimiento»), tal arrogancia tampoco es general frente al pasado. De hecho, la abolición de la esclavitud y la igualdad de derechos de las mujeres constituye un progreso jurídico en relación con Atenas y también con la Edad Media cristiana. Aunque también se produce una pérdida, quizás incluso un retroceso: en comparación a Atenas, las actuales democracias disponen, tanto cualitativa como cuantitativamente, de muchas menos posibilidades de participación política directa.

Y ahora tenemos que «Occidente» cree volver a encontrar de nuevo en otras culturas aquellos elementos que tan orgulloso está de haber superado, en concreto instituciones jurídicas retrógradas. Bajo tal supuesto es lógico que amplíe la superioridad sobre su propio pasado y se sienta prepotente frente a las otras culturas. De la superioridad relativa –inmanente a la cultura y diacrónica– resulta así otra superioridad absoluta transcendente a la cultura y sincrónica. Sin embargo, un discurso jurídico intercultural exige precaución. Un primer argumento de esto es nuevamente de índole histórica: en el encuentro de Occidente con otras culturas, por ejemplo con la China y el Japón en la Edad Moderna, se produce un intercambio recíproco, hasta el punto de que «cabría preguntarse con razón quién asimila a quién»; así Greenblatt (1994, 13) en el contexto respectivo. Y en la medida en que Occidente exige a la otra parte los derechos humanos, tiene que preguntarse de si se trata realmente de los puros derechos humanos, genuinos y sin aditamentos específicos, y no de una «mixtura», de la combinación de derechos humanos con peculiaridades occidentales: con experiencias especiales y, quizás, incluso con intereses particulares. Por esta razón se recomienda una *hipótesis de la mezcla*, es decir, el supuesto de que los pretendidos derechos humanos se hallan en realidad mezclados con otros elementos.

Pese a que cualquier pretendido derecho humano puede contener elementos no universales, esta hipótesis no exige ningún tipo de reserva fundamental. Pero sí el esfuerzo de una cuidadosa interpretación (en este sentido véase las apreciaciones del africano occidental Wiredu 1990, 1s., 21-33). De la «hipótesis de la mezcla» se deriva la tarea de la «des-mezcla». Siguiendo los pasos de un químico analítico, sepárese entonces lo realmente general de lo particular, para llegar de esta suerte a los verdaderos derechos humanos. Sólo en esta labor es donde los filósofos cumplen con el deber contraído desde los griegos con la razón universal por antonomasia, y es aquí donde merecen ser autorizados a llamarse con Husserl (²1962, 15), aun cuando sólo sean europeos

136

modernos, «funcionarios» o, mejor, «abogados de la humanidad».

Con razón, Derrida (1992, 55) hace referencia a esta definición de Husserl cuando, para dejar sus derechos a otras culturas, exige que «se reconozca y acepte al extranjero en su otredad» (p. 56). Y aun si, con Waldenfels (1990, 7s), hay que reconocer «espinas en el extranjero» con las que éste se defiende frente a los intentos de incorporación por parte de los otros, sigue en pie la tarea que Derrida enfatiza (p. 57): respetar lo «general y universal». Desde el establecimiento general de la idea de la tolerancia, el reconocimiento del otro es algo que cae por su peso. En nuestro ámbito cultural, la idea de la tolerancia es un derivado de los enconados debates en torno a la libertad de religión, y también en otras culturas se halla ésta ligada al tema religioso (véase Wiesehöfer [2]1998, 88s.; Wiredu 1996, 167s., 182s.). Sin embargo, en nuestro mundo progresista y secularizado, ya hace tiempo que no se plantea como un problema especial de la convivencia de las diversas confesiones y religiones. Con mucha frecuencia, la tolerancia se exige igual y primariamente frente a convicciones sociales, políticas o culturales diferentes. Aquí se ha de diferenciar entre una forma más floja y pasiva de tolerancia –el mero soportar a la persona distinta– y otra más fuerte, activa y creativa: la apertura frente a las diferencias, incluso su libre reconocimiento.

Como quiera que sin la tolerancia recíproca de las diferencias no se puede generar ni mantener la democracia pluralista, la forma más floja de tolerancia constituye al menos un principio básico de los Estados modernos. Pero la tolerancia no resulta necesaria sólo bajo las condiciones y en beneficio de un pluralismo político. Aunque no siempre con la misma intensidad, entre las personas hallamos continuamente diferencias en lo que concierne a necesidades, talentos e intereses, gusto y ascendencia histórico-social y, por encima de ello, al conocimiento e interpretación de la situación personal o social en que viven. Y tampoco nadie está inmunizado contra errores, prejuicios y faltas. De ahí que la tolerancia pasiva constituya al menos una actitud de trato civilizado, de validez general, a través de la cual se configura de manera soportable y eficiente la convivencia en el matrimonio y en la familia, en la empresa y en la sociedad, en el Estado, e incluso entre los Estados. A favor de la tolerancia ya habla por tanto un interés propio ilustrado.

Pero con ello, naturalmente, aún no hemos llegado a la dimensión nuclear y profunda de la tolerancia. Su forma más fuerte, el libre reconocimiento del otro en su otredad, tiene su fundamento en última instancia en la dignidad y libertad de cada persona humana. Por eso la tolerancia no consiste sólo en aquella indulgencia frente a las peculiaridades y debilidades de nuestros semejantes, que mutuamente nos podemos rogar y también otorgar voluntariamente. Como quiera que sin el reconocimiento recíproco no es posible una convivencia con igualdad de derechos entre personas autorresponsables, la tolerancia constituye una condición fundamental de la justicia de la convivencia humana en libertad; y, en cuanto condición de justicia, un derecho que no se puede negar a nadie. Para la tolerancia activa no sólo se puede aducir el principio práctico (ético-político) de la libertad, sino también el interés teórico por la verdad. Como el conocimiento humano es limitado, la discusión libre entre posiciones diferentes ofrece la mejor posibilidad de acceso a la verdad en contra de la perseverancia «intolerante», dogmática y cerrada a toda crítica, en la convicción a que un día se llegó (véase Höffe 1988 y la bibliografía allí citada).

Así pues, el reconocimiento del otro no es algo nuevo ni en principio discutido. Lo que sí se discute es la argumentación más precisa, desconstructivista, de Derrida. Contra ella ya se aduce la reserva metodológica de que aunque se pueda comprender ciertamente lo otro también en su otredad, esto no ocurre únicamente en la otredad; sin una comparación con lo no-otro este otro no se presenta como tal. Aparte de ello, es posible que la metafísica tradicional aún no haya comprendido suficientemente lo particular; el reproche total de que en lo general desaparece necesariamente lo particular, es posible que ni siquiera sea acertado en el caso de Hegel y, mucho menos, en el de otros filósofos fundamentales. A ello hay que añadir la siguiente reserva legitimatoria, decisiva para el discurso jurídico: si al otro ha de corresponder un derecho a su otredad, entonces sólo sobre la base del reconocimiento de una comunidad: de que cada ser humano, tanto en su condición de individuo como de grupo o cultura, tiene *iguales* derechos que sus semejantes, y que por ello, aunque solamente por ello, tiene un derecho a su otredad. Este derecho se opone a la tendencia desconstructivista hacia el relativismo y encierra en sí nada más ni nada menos que el núcleo del vituperado generalismo, de los derechos humanos.

Aquí resulta contradictoria la estrategia de los desconstructivistas. A ella oponemos una *estrategia de la universalidad moderada*: para ello habrá que vincular el reconocimiento de lo general a una limitación que

139

permita que no desaparezca lo particular, sino que, por el contrario, mantenga unos derechos en su particularidad. La divisa dice: universalidad sin uniformidad. En la práctica jurídica se realiza esta divisa a través de una circunspección característica: se formulan los derechos humanos de manera tan formal que quedan abiertos para diferentes condiciones de vida y proyectos sociales.

De la justificación intercultural de los derechos humanos se desprende que su observancia sólo podrá ser exigida de otras culturas si se les reconoce un alto grado de independencia. El que aquí se plantean difíciles cuestiones de demarcación, lo muestra el ejemplo siguiente que, de hecho, para nosotros es también una exhortación a la modestia: los indios del Orinoco, en los primeros tiempos de la historia de su tribu, ahogaban a las niñas recién nacidas; este uso obligó a los varones adolescentes a una práctica –tenían que organizarse en grupos (hordas) para robar jóvenes forasteras– con lo cual estos indios se protegieron frente a la propagación de enfermedades hereditarias por endogamia; más tarde fueron expulsados de sus parajes nativos a regiones más altas de los Andes; al faltar aquí los ríos ya no pudieron mantener el –sin duda cruel– uso de ahogar a las niñas –con el resultado de que, a consecuencia de la ahora necesaria práctica de la endogamia, la propagación de determinadas enfermedades hereditarias tomó formas dramáticas dentro de las tribus. Por el contrario, entre los aborígenes australianos, las prohibiciones del incesto eran un uso desde siempre muy extendido y de validez tan general que, aun bajo modernas condiciones está excluida, como en los tiempos primitivos, cualquier forma de endogamia –sin que para ello hubiera que haber sacrificado jamás una vida humana. Así pues, la conformidad de ciertos usos tradicionales y de su importancia social, con las exigencias de los derechos humanos, se muestra altamente dependiente de la contingencia histórica.

Culturalmente abierto no ha de ser sólo el promulgador de la ley y de la constitución, ya que él es quien formula también los derechos humanos y el derecho penal obligado a ellos. Esta apertura cultural la necesita también el juez de lo criminal, a fin de que en el caso de procesos resultantes de típicos conflictos culturales, aprecie en lo justo la parte del delincuente y la de la víctima, y ello respecto a aquellas formas de contacto («mirar tontamente a alguien»), de comunicación («accidentes» en el ámbito de las relaciones sexuales) y cuestiones de honor y estatus social, que el criminalista Sellin (1938) ya analizó para Estados Unidos en los años treinta.

Incluso en el caso de delitos más graves, la jurisdicción penal alemana ha aceptado una apertura jurídica cultural. Problemas de este tipo los presenta concretamente el caso de asesinato (StGB §211 II) y, aquí, el criterio «por móviles bajos»: ¿se puede aplicar este criterio a la venganza usual entre turcos de Anatolia oriental? (en caso positivo se trataría de asesinato); ¿o no es aplicable tal criterio? (en caso negativo se trataría «sólo» de homicidio). Según un fallo del senado de lo penal en el Tribunal Federal de Justicia (BGHSt, auto de 27-11-1979 – 5 StR 711/79, s. NJW 1980, 537), el intento de matar a un estudiante turco que no se casa con una joven turca a la que ha embarazado, no constituye una tentativa de asesinato: debido a las «particulares percepciones y apreciaciones a que están arraigados los actores por su pertenencia a una cultura extranjera», este caso no puede ser considerado como tentativa de asesinato «por móviles bajos», como probablemente sería necesario fallar al tratarse de europeos occidentales. En otra sentencia, el senado de lo penal recusa condenar a un acusado originario de Anatolia oriental que ha dado muerte a un paisano «a instancias de su familia y para restaurar el honor familiar», no sólo por homicidio sino también por asesinato (fallo de 7-10-1994 – 2 StR 319/ 94: s. NJW 1995, 602 s.). Admite expresamente la «idea de venganza», si bien considera la «muerte por venganza» como «especialmente reprobable y socialmente despiadada»; y enfatiza: el «criterio para la apreciación de un móvil ha de responder a las concepciones de la comunidad jurídica en la República Federal de Alemania, ante cuyo tribunal tiene que responsabilizarse el acusado, y no a las ideas de un grupo étnico que no reconoce los valores éticos y morales de nuestra comunidad jurídica»; concede sin embargo que «excepcionalmente, también en el caso de muerte por venganza, puede llegarse a una condena solamente por homicidio».

Por lo demás, ese mismo tribunal absolvió a un padre de Turquía oriental que mantenía relaciones sexuales con su hija mayor de edad, por haberse iniciado éstas ya en el país de origen donde tales relaciones no están consideradas como delito.

13. Teoría del conocimiento: el saber básico

En principio, los derechos humanos no tienen dificultades a la hora de aplicar la «estrategia de la universalidad moderada». Ello se debe a que, tanto en sentido descriptivo como normativo, sus pretensiones están basadas exclusivamente en factores de naturaleza humana universal. En consecuencia, los derechos humanos genuinos dejan traslucir peculiaridades de la época y de la cultura y, sobre todo, también de la situación respectiva; ellos son principios formales, no materiales, que básicamente están abiertos a una definición material distinta en cada caso. Más aún: dado que sin su «materialización» tampoco logran una definición concreta, llegan incluso a provocar ellos mismos esta «materialización» la cual será entonces dependiente de la cultura y del contexto. (Por lo demás, a la filosofía tradicional le es perfectamente familiar la diferenciación entre una definición meramente formal, y otra adicionalmente material, es decir, la idea de una universalidad abierta a lo particular.)

La apertura a la cultura y al contexto de diferentes situaciones exige sin embargo una forma peculiar de conocimiento. Ya Aristóteles encontró para esta forma el concepto adecuado, el saber *typó*, el saber básico, de los arquetipos, mientras que el gran teórico de la moral universalista, Kant, aun practicando esta forma de conocimiento, no llega a definirla. (La reciente polémica entre contextualistas «neoaristotélicos» y defensores «neokantianos» de la libertad contextual no hace justicia al alto grado de diferenciación de sus protagonistas: Aristóteles y Kant.) Aparte de los derechos de participación política, que para él son naturales, es cierto que Aristóteles sólo conoce los derechos humanos en germen; sin embargo, en su tratado de la justicia, con las prohibiciones pertinentes se pronuncia indirectamente a favor de derechos fundamentales

(*Ética a Nicómaco* V 5, 1131a 6-9): la propiedad, la integridad del cuerpo y de la vida, y el derecho a un buen nombre. Pero el problema teórico-científico de los derechos humanos se plantea análogamente para toda la moral y, por ello, también puede ser resuelto por Aristóteles.

Dado que en la acción moral, el objeto de la ética, se combinan elementos constantes con otros no constantes –debido a que, por su validez universal, el principio moral es constante mientras que la acción concreta, al estar referida a una cultura y a una situación determinada, es variable–, la ética se contenta con el *typó*, con el esbozo arquetípico no variable de una acción moral que, a la vez, en cuanto mero esbozo, precisa de la realización concreta que, en rigor, siempre es distinta (*Ética a Nicómaco* I 1, 1094b 19-20; véase Höffe 1995a, 19-30).

Dado que aquí se pueden producir malentendidos es recomendable añadir una explicación: la limitación contenida en el *typos* nada tiene que ver con la probabilidad objetiva o subjetiva. Los enunciados *typó* son válidos no sólo por lo general, aunque no siempre –Aristóteles dice textualmente *hós epi to poly*: en la mayoría de los casos– y no simplemente dignos de crédito, plausibles (*pithanos*), aunque no plenamente convincentes. Transfiriéndolos a los derechos humanos: en un caso éstos corresponderían o bien sólo a las personas de la mayoría, mas no de todas las culturas, o bien, ya dentro de una cultura, únicamente a la mayoría, pero no a todos los miembros de la misma. Ambas posibilidades contradicen el concepto de derechos humanos. Y, en otro caso, a su favor no hablaría más que una cierta plausibilidad pese a que, de hecho, los derechos humanos son válidos para todos los seres humanos por razones más que sólo plausibles. Por ello estos derechos corresponden al ser humano en cuanto tal, por estar referidos a la esencia de la persona. Pero aquello a lo que la persona tiene un derecho de índole humana universal es sólo el esbozo de una pretensión legal, una especie de entramado de estructuras que aún precisa de su concretización. Y ésta puede resultar sumamente diferente, no sólo en dependencia del contexto sino también de la sociedad, y en ambos aspectos.

El saber *typó* responde no sólo al concepto de la moral (jurídica), sino también a la competencia de la filosofía. Ésta *debería* estar abierta a la experiencia y, además, también *tendría derecho* a estar nutrida por la experiencia, mas ella no es la instancia competente para la experiencia en sí. En consecuencia, al tratarse de objetos relacionados con la experiencia, la filosofía se contenta en consecuencia con aquel esbozo que designa el entramado estructural de la cosa, pero deja abierta su realización concreta.

14. El caso (I): demandas de aclaración

Volvamos ahora a las reflexiones fundamentales de índole jurídico-moral en torno al caso del senegalés que esbozamos al inicio, y ponderemos recíprocamente los intereses de la víctima y del autor. Por razones de simplificación paso por alto algunas cuestiones incidentales que un juez sensible al caso no dejaría sin embargo de plantearse; me refiero a cuestiones relativas a las repercusiones para la víctima, por ejemplo: en caso de condenar al autor del hecho ¿pierde entonces la joven a su protector, y queda en peor situación que antes?; y si el caso llega luego a los medios de comunicación ¿puede ser la joven adicionalmente víctima de una estigmatización? No se pueden evitar las siguientes demandas de aclaración:

Primero: ¿podría ser que autor y víctima estén en Alemania sólo por un corto período de tiempo? En este caso se les podría considerar como viajeros de paso, en cuyos asuntos nadie debería inmiscuirse de manera impertinente e innecesaria. Pero en el caso construido se trata de una estancia de ya varios meses de duración. De ahí pueden resultar luego años e incluso hasta decenios, lo cual plantea la cuestión de índole jurídico-penal y *política*, sobre cómo prestar un mejor servicio a las jóvenes senegalesas: con la –aparentemente– menor protección jurídico-penal de su sociedad de origen, o bien con la mayor protección que les ofrece el derecho penal de la sociedad en que van a permanecer durante un corto periodo de tiempo o incluso –algo que no se puede excluir– tal vez toda la vida.

Segundo: ¿pudiera ser que la joven ya fuera considerada en su país como mayor de edad? En la medida en que los jueces lo vean como posible, podrán ponderar un error de prohibición de la parte del acusado, lo cual no llevaría a la culpabilidad por perpetración imprudente de delito. (Ese sería el caso sólo de darse un error de prohibición; mas tal error apenas puede suponerse dado que el autor sabía que cometía actos sexuales «con una persona menor de 18 años».) En el

146

caso de un error de prohibición habría naturalmente que admitir que el acusado tenía relaciones sexuales con su protegida sólo por considerarla mayor de edad. Pero debido a que las cuestiones sobre mayoría de edad son elementales, no se puede suponer sin más un error de prohibición en el caso de alguien que ya lleva un tiempo viviendo en Alemania; como mínimo habría que considerarlo como error evitable. Y, como se sabe, los requerimientos jurídicos para una inevitabilidad atenuante o anuladora de la pena son muy altos según la opinión reinante. El ejemplo clásico: incluso un caníbal que acaba de llegar a un puerto, y que por tanto aún no ha dispuesto del tiempo necesario para adaptarse a las nuevas costumbres, no tiene el derecho de comerse a un estibador, y alegar luego error de prohibición. Según está previsto en la dogmática del derecho penal, el caníbal del ejemplo hubiera tenido la posibilidad de informarse antes. Por lo demás, en nuestro caso serían los jueces los que incurrirían en un error (esta vez, sobre el tipo delictivo): en el Senegal, una joven de 16 años sólo es considerada mayor de edad una vez casada.

Tercero: ¿cuáles fueron los términos exactos del acuerdo con los padres? ¿es posible que tal vez ya existiera, de parte de los padres, una indemnización (material o ideal), de manera que el acusado tal vez se tomó una doble recompensa?

Cuarto: y si permanecemos al nivel de usos y costumbres, también cabe preguntarse hasta qué punto es espontánea, en el marco de esa usanza, tal «entrega voluntaria». Además, el carácter voluntario de la entrega no exonera de la culpabilidad toda vez que, de faltar la decisión voluntaria, estaríamos ante un delito de «abuso de una persona protegida» (§ 174 StGB) y, eventualmente, también ante la figura delictiva del empleo de la fuerza o de amenaza grave, es decir, ante el delito de «coacción» (§ 240 StGB). Por lo demás, apenas si se puede admitir una decisión verdaderamente voluntaria ya que la acción tiene lugar en el marco de una situación preestablecida, de la usanza que predetermina las opciones de acción; y cada usanza restringe las posibilidades de acción. En nuestro caso, tal limitación va además más allá de esa forma básica, ligada a toda usanza: la entrega sexual es una remuneración por el servicio de la manutención. Aquí juega un papel el principio de la justicia del intercambio: prestación por contraprestación. Al estar mantenida por el acusado, la víctima cree deberle una indemnización –¿la únicamente posible?–, la entrega sexual. La decisión voluntaria se produce por tanto en el marco de una falta de libre voluntad, de la coacción a la remuneración.

Quinto: ¿qué estatus jurídico (penal) tiene la mencionada usanza? No se ha de olvidar que el derecho senegalés se apoya en el modelo francés, es decir, en una cultura jurídica tan similar a la nuestra que la reclamación de una excepción jurídico-penal tendría menos fundamento que en el caso de una cultura jurídica totalmente distinta. El Art. 227, 27 del nuevo *Code pénal* francés, parece pertinente: abuso de la posición de autoridad en el caso de una víctima mayor de 15 años, pero aún menor de edad y no emancipada por matrimonio. Sin embargo, en el viejo *Code pénal* todavía válido en el Senegal, es el Art. 331-I el que, a su vez, corresponde en lo esencial al

§ 174, apto. I, n.° 2 del StGB que, por lo demás, también contiene la cláusula de la emancipación.

Sexto: el contenido de la usanza permite deducir la existencia de una sociedad tradicional y patriarcal que, en el caso del Senegal, es predominantemente –hasta en un 90%– islámica. Puesto que sabemos que tales sociedades otorgan un gran valor a la virginidad, la usanza que nos ocupa llevaría sin duda a un perjuicio fundamental de la joven. Esta circunstancia debería llamarnos al escepticismo frente a la aseveración de que aquí se trata de una usanza distinta, y no se la debería aceptar sin haber practicado previamente minuciosas diligencias. Más bien habría que contar en el caso del Senegal, al menos en las zonas de influencia islámica, con usanzas aún más rigurosas; con ello, la reclamación de una excepción jurídico-penal tendría aún menor fundamento.

Séptimo: se podría también pensar si el irrenunciable atributo típico de «abuso» es improcedente, por existir una verdadera relación amorosa. Contra ello hablaría el hecho de remitirse a una costumbre senegalesa, es decir, a una usanza o tradición, en lugar de alegar un amor totalmente personal.

15. El caso (II): un derecho penal intercultural

Nuestras demandas aclaratorias muestran que la coincidencia de culturas diferentes no crea, así como así, situaciones donde los extranjeros podrían remitirse a una cultura (jurídica) diferente. Los expertos ya llaman la atención sobre el peligro de que, en nombre de la pertenencia a una religión o a una cultura, se reclame un derecho a «nichos jurídicos» o a excepciones, o de que se aplique incluso una doble moral: en el caso de que la cultura incriminadora exija mayores responsabilidades, el acusado se remitiría en Occidente a su cultura nativa mientras que, de estar en su país de origen, alegaría haberse atenido a costumbres europeas o norteamericanas. Para simplificar, supongamos que todas las demandas aclaratorias citadas (a excepción naturalmente de la séptima) obtienen una respuesta favorable al acusado, de manera que sólo resta la pregunta central: ¿hasta dónde llega el poder coactivo público al aplicarse a otras culturas?

En un periódico, el comentador de un caso similar se inclina por la parte del acusado: «Aun en el caso de que admitamos o incluso sustentemos en nuestro país a extranjeros en calidad de protegidos, no deberíamos esperar de ellos que compartan con nosotros mesa y cama también en el ámbito de la visión del mundo» (Zielcke 1996). El argumento apela a nuestro pluralismo de visiones del mundo y a la tolerancia que lo acompaña. Exige, en el caso de extranjeros, ampliar pluralismo y tolerancia hasta un grado aún mayor del usual entre nosotros desde hace tiempo. Si únicamente se tratara de superar los prejuicios culturales aparentemente ejecutados en cada sentencia penal, el caso sería simple; las sociedades modernas o liberales pronto se sobreponen a los restos de estrechez de miras en lo cultural. En este sentido, estas sociedades han ido depurando sucesivamente su derecho penal, por ejemplo:

delitos como la «tercería» (oficios de medianero/a); la homosexualidad o la llamada «deshonestidad entre prometidos»; la herejía; los crímenes de lesa majestad o la crítica al Estado. Pero respecto a una gran parte de los delitos penales, con particular evidencia en el caso de la integridad del cuerpo y de la vida, no existe ningún tipo de prejuicios culturales. Se trata por el contrario de derechos con el rango de derechos humanos que, además, están reconocidos por doquier: no existe ninguna cultura jurídica que no prevea delitos de homicidio o contra la propiedad.

Los prejuicios culturales se muestran a lo sumo en algunas disposiciones especiales donde, por lo general, las culturas jurídicas no europeas prevén delitos, sobre todo en la esfera de lo sexual y matrimonial, que Occidente (ya) no conoce (naturalmente que, al tratarse del aborto o de la eutanasia, la cuestión no es tan simple). Debido a las diversas olas en el campo de la educación e ilustración, son precisamente los ordenamientos jurídicos modernos los que han ido eliminando sucesivamente tales prejuicios del derecho penal. Gracias a la ilustración y a la emancipación domina en la Modernidad (occidental) un derecho penal liberal, prácticamente «depurado» en su totalidad de «culturas regionales» (incluidas la religión y la moral tradicional) y limitado a su núcleo jurídico-penal. Es posible que queden residuos de prejuicios culturales, mas ellos no pueden ser examinados de modo global sino sólo por grupos de casos.

Para no mencionar simplemente el tema, vamos a dejar por un momento nuestro caso: en la resolución correspondiente «Sobre crecimiento demográfico y desarrollo económico» (N.º 2211, XXI, del 17-12-1966), las Naciones Unidas confiaron a la «esfera íntima cultural» los métodos de la planificación familiar, derivando de ahí que tales métodos no pueden ser prescritos desde fuera, sino sólo ofertados dentro de una adaptación cultural. Así, por ejemplo, en el Asia oriental, el aborto es desde hace milenios la forma usual del control de la natalidad, mientras que «la píldora» despierta temores. Bajo estas condiciones se podrían guardar reservas frente a la decisión adoptada en 1984 por Estados Unidos de suprimir las contribuciones al «United National Fund for Population Activities» (UNFPA) con el argumento (dirigido sobre todo contra China) de que este fondo –supuesto su uso público– apoyaba financieramente también el aborto. Por otro lado, tampoco se puede tomar a mal a un Estado el no estar dispuesto a financiar algo que, a su modo de ver, constituye una práctica jurídica ilegítima. Por lo demás, en el continente del culto a los antepasados, tanto el aborto como «la píldora» despiertan temores; consecuencia de ello es que el control de la natalidad se practique exclusivamente a base de tabúes.

Volviendo ahora a nuestro caso: la protección en materia sexual de menores dependientes, prevista en nuestro derecho penal, ¿puede clasificarse bajo el rubro «prejuicios culturales»? Al menos *prima facie,* lo contrario es el caso. A través de la correspondiente protección se superan más bien prejuicios culturales, por ejemplo la postura de la sociedad patriarcal de no reconocer igualdad de derechos a mujeres y niños.

La protección de mujeres menores de edad no está al servicio ni de alemanes ni de nativos de otros países, ni tampoco del mantenimiento de una cultura europea u occidental. Tal protección está al servicio de la totalidad de sujetos de derecho, tanto de extranjeros como de nacionales. Ni tampoco se trata de un derecho de libertad practicado en Europa, pero ante el que otras culturas se mostrarían escépticas: la libertad sexual de los jóvenes. En juego está algo mucho más elemental y universal del ser humano. Se trata de no entorpecer el desarrollo normal de la sexualidad de niños y jóvenes, tan importante para la formación de una personalidad adulta independiente y responsable de sí misma. Este tipo de protección tiene evidentemente la dignidad de derecho humano.

Como quiera que lo mismo es válido para la protección de la propia cultura, podríamos hallarnos frente a un conflicto inmanente a los derechos humanos: que el derecho humano a un desarrollo sexual normal entre en colisión con el derecho a una cultura propia. En el caso de ser así la situación habría que buscar entonces una norma prioritaria que decidiera sobre cuál de los derechos humanos tiene la preferencia en casos de conflicto. Pero al tratarse de protección de menores, la situación es más simple. Puesto que desde la perspectiva de los derechos humanos es absolutamente criticable una cultura que no garantice tal protección, o sólo insuficientemente, la usanza senegalesa –caso de existir realmente– habrá de ser examinada, ya en el interior del Senegal, con miras a su legitimidad moral. Incluso un examen moderado no podrá llegar al extremo de que nuestro ordenamiento jurídico, en nombre de una aparente apertura cultural o de una disposición al multiculturalismo, minimice de hecho sus pretensiones jurídico-morales.

Permítaseme una observación marginal respecto a un tema que aun no siendo de índole jurídico-penal, sí es similar al que nos ocupa: la igualdad de derechos para la mujer, reclamada por los derechos humanos, no puede contentarse según nuestra concepción del derecho con una igualdad meramente formal ante la ley. Concretamente en la educación, exige también una igualdad de oportunidades que, como ya se indicó antes, ya está incluida en el concepto social de democracia. En contra de ello, algunos grupos de inmigrantes mantienen a las hijas en una posición de desventaja, de manera que sus posibilidades de desarrollo intelectual, artístico y profesional se ven claramente mermadas. Según el § 1666 BGB (Código Civil), en caso de «amenaza del bien del niño» se puede poner a éste bajo tutela y separarlo de la familia, pero sólo en el caso de que otras medidas menos rigurosas del tribunal no hayan aportado resultados positivos. Dado que la separación de un niño de su familia encierra una importancia tan transcendental, y generalmente tan gravemente negativa, esta medida se aplica en el menor número posible de casos. Por otro lado sería inconsecuente que una cultura jurídica considerara la igualdad de oportunidades como una reclamación de los derechos humanos y, además, democrática, declarándose en consecuencia públicamente responsable de ella, pero que, a la vez, «aceptara sin comentario» una oposición manifiesta a la igualdad de oportunidades. Aquí radica una tarea jurídico-política que nuestro ordenamiento jurídico descuida de manera imperdonable; ¿acaso por falta de conciencia de sí? Lo que se haya de hacer en el caso particular se puede decidir sólo tras un cuidadoso análisis de los antecedentes de la problemática, aunque la dirección debería ser clara: en este campo, el ordenamiento jurídico ha de exigir de los inmigrados que se abran más a la –para ellos nueva– cultura jurídica del país que los acoge.

Y con ello podemos responder finalmente a la pregunta inicial: una competencia penal que trascienda a las culturas, un derecho penal intercultural, existe sin lugar a dudas, aunque no absolutamente, sino en la medida en que los delitos jurídico-penales se pueden fundamentar con argumentos de naturaleza humana universal y, más específicamente, con argumentos de los derechos humanos, lo cual es generalmente el caso en muchos delitos y, sobre todo, en los previstos en los ordenamientos liberales del derecho penal. La razón no radica en la arrogancia de un determinado orden jurídico de someter a su jurisdicción a extranjeros; tampoco en la voluntad de negar un privilegio al extranjero –el de quedar eximido del derecho penal–; ni, por último, tampoco primariamente en el interés (sin duda justificado) de una sociedad en protegerse a sí misma, sino en el hecho que, desde una perspectiva jurídico-penal, el extranjero realmente exótico sencillamente no existe en el Derecho: difícilmente se pueden encontrar culturas jurídicas tan radicalmente distintas que no prevean delitos que se puedan fundamentar desde los derechos humanos; ocurre más bien que incluso se amplía el ámbito de la competencia penal. Y en el caso de que existiera realmente ese exótico extranjero desconocedor de tales delitos fundamentales, desde los derechos humanos se podría exigir de él con toda razón, caso de que saliera de su país, el reconocimiento de los correspondientes delitos: precisamente porque se los puede fundamentar a través de los derechos humanos. El derecho penal intercultural confirma una regla empírica del discurso jurídico intercultural:

aquello por lo que nos esforzamos con todo ahínco, también lo encontramos en otras culturas; y, especialmente, aquello que a nosotros nos indigna sobremanera, también es causa de indignación para personas de otras latitudes.

La variante del multiculturalismo que amplía el relativismo a todos los valores, posiblemente persigue el objetivo –aun sin ser consciente de ello– «de mantener fuera a los extranjeros, de no integrarlos. Los turcos, árabes y, en general, "los otros" deben continuar en su calidad de extranjeros» (Tibi 1996, 34). Pero es posible que ellos no quieran ser tildados de extranjeros, y menos de extranjeros en el sentido jurídico. Bassam Tibi nos previene por ello contra un relativismo cultural universalizado, sin ignorar tampoco la «cara desagradable y peligrosa del multiculturalismo» y exigiendo en cambio un consenso de valores entre las culturas que no suponga «la renuncia a los propios valores fundamentales de la democracia y de la Ilustración» (p. 35s.).

La diversidad de lenguas, que según san Agustín (*De civitate Dei* XIX 17) dificulta la convivencia pacífica en un Estado, pero que según Kant nos protege frente al «desalmado despotismo» de un imperio mundial homogéneo (*Sobre la paz perpetua*, 367) no la hallamos en el derecho penal, al menos en su núcleo. En lugar de ello se perfila una correspondencia con la idea en que culminan la teoría kantiana de la paz (Tercer Artículo definitorio) y su teoría del derecho (§ 69), la idea del derecho cosmopolita. Al igual que todos los pueblos y todos los individuos, en cuanto ciudadanos de nuestro único mundo común, no son entre sí extranjeros absolutos, sino sólo relativos, tampoco en el derecho existe la extranjería absoluta. En lugar de ello, en el núcleo del derecho penal existe una considerable compatibilidad. E incluso en el ámbito de las consecuencias jurídico-penales, que como se sabe es heterogéneo en alto grado, parece dibujarse también una creciente compatibilidad. No sólo han desaparecido ya de un número cada vez mayor de códigos penales los en otros tiempos ubiquitarios castigos corporales y la pena de muerte; también en los países que, por tradición o por motivos religiosos, siguen aferrados a tales penas –por ejemplo, en los pocos países islámicos en donde el derecho penal inspirado por el Corán aún, o de nuevo, está en pleno vigor–, los nuevos delitos que se integran en los códigos penales son penalizados de acuerdo a modelos «occidentales» con multas o penas de cárcel (Tellenbach 1998). Además, cuando se trata de imponer las más rigurosas medidas punitivas sacrosantamente prescritas (crucifixión, lapidación, mutilación, etc.), también se puede observar en estos países una tendencia hacia una moderación extrema. Por ejemplo: a través de una concepción lo más atenuante posible de los hechos delictivos, del esfuerzo por llegar extrajudicialmente a un acuerdo, y a través de actos de gracia, la justicia de estos países trata de minimizar el número de delincuentes tan rigurosamente penalizados.

Con este resultado de que aquí reina todo lo contrario a una babilónica confusión de lenguas, se abre a la coexistencia intercultural una cierta perspectiva confortadora y, a la idea de un Derecho cosmopolita, una condición para su realización: las diversas culturas se pueden poner perfectamente de acuerdo sobre aquello que es merecedor de la *ultima ratio* del poder público, de una pena; más aún: ya hace tiempo que existe una considerable unanimidad al respecto. Concretamente las infracciones graves, por ejemplo la esclavitud y, pese a alguna que otra oposición, el tráfico de personas y de estupefacientes, la tortura y la mutilación sexual y, gracias a la correspondiente evolución social, también los sacrificios humanos, no se pueden justificar en ningún lugar del mundo. A ello hay que añadir también la venganza, por más que se la siga practicando en Anatolia oriental; según el Derecho turco está prohibida (Turquía adoptó en 1926 del Código penal italiano de 1889).

De un derecho intercultural no se deriva un Código penal mundial homogéneo y a la vez general, con una jurisdicción penal mundial unitaria y competente para todo el globo. Por un lado se plantea la cuestión sobre quién es competente para establecer el Código penal mundial y la correspondiente jurisdicción penal mundial. Por otro lado, habrá que ampliar en sus dos dimensiones el federalismo jurídico-penal ya practicado en sus gérmenes por la antigua Roma: (1) respecto a los delitos no se pueden excluir *a priori* ciertas diferencias: no en su núcleo pero sí en la forma; (2) la competencia penal habrá de quedar en lo posible a cargo de los entes comunes particulares; a ello se suma la posibilidad de respetar las diferencias culturales tanto en la penalización (3) como en la ejecución de la pena (4).

La situación es sin duda distinta al tratarse de un núcleo de delitos cuyo alcance va más allá de los intereses de un Estado particular y que, de no haber ocurrido ya, debería ser estipulado lo antes posible en el derecho internacional público: el terrorismo, el genocidio, los crímenes contra la humanidad (véase Becker 1996) y los crímenes de guerra. Sin importar si se trata de un individuo, un grupo, un partido o incluso un Estado, cada uno ha de ser consciente de que en este ámbito comete crímenes sobre cuyo carácter criminal reina unanimidad en la humanidad, y de que ésta tiene la voluntad clara y firme de penalizarlos. Aun cuando detente un cargo político o militar que actualmente lo ampare de la persecución, el criminal en cuestión ha de saber que, tan pronto acabe su mandato, sucederá con él lo mismo que con todo criminal: será procesado. Y sin que en su caso, por la gravedad del delito, haya esperanza alguna de una prescripción o amnistía.

A través del enjuiciamiento procesal se realiza plenamente el significado originario de la justicia: que en todo lugar y tiempo se haga justicia a delincuentes y víctimas y, con ellos, al mismo ordenamiento jurídico. Un valor de esta globalización –si no el supremo tampoco el más ínfimo– radica en el hecho de que precisamente allí donde fracasa esta justicia, las víctimas están tentadas con frecuencia a tomar la ley por su mano y a ejercer la venganza privada en lugar de la penalización pública.

El proyecto actual (septiembre de 1998) de un Código penal mundial aún es insuficiente en varios aspectos. Contra los principios enumerados en nuestra introducción (véase capítulos 1, 2), atentan concretamente tres elementos (véase Gigs de Vries 1997): (1) El proyecto queda atrás de los Procesos de Nuremberg celebrados en 1945-1946 contra los «principales criminales de guerra» ante el Tribunal Militar Internacional y, en 1947-1949, ante tribunales integrados por americanos pero calificados de Tribunales Militares Internacionales. Este proyecto permite por cierto a los Estados rechazar el Tribunal Penal Internacional para crímenes de guerra o contra la humanidad, incluso en el caso de que haya Estados que no sean capaces por sí mismos, o no estén dispuestos, a perseguir tales crímenes. (2) El artículo 23 del proyecto atenta contra la usual división de poderes: otorga a un ejecutivo internacional, al Consejo de Seguridad de las Naciones Unidas, el derecho a detener la labor del Tribunal Penal Internacional caso de que él mismo se ocupe del mismo asunto. Este derecho termina en un control político del Tribunal Penal Internacional, en la protección de los propios ciudadanos frente a la persecución policial, y en los conocidos «acuerdos pactados» entre los Estados con sede en el Consejo de Seguridad. (3) El proyecto en su versión actual impide al fiscal iniciar indagaciones por sí mismo, reservando tal derecho al Consejo de Seguridad y a los Estados particulares miembros. El primer punto recorta la legítima competencia de un Tribunal Penal Internacional, los otros dos puntos limitan su independencia. En su conjunto, conducen a un Tribunal Penal Internacional que servirá meramente de pantalla, permitiendo a los Estados aparentar una actitud altamente moral y, al mismo tiempo, rechazar las demandas pertinentes.

Aun cuando todavía sea largo el camino hacia ese derecho penal no sólo interculturalmente válido sino también vigente, que ayude en todo el mundo a respetar los derechos humanos, esta tarea es ineludible para la humanidad (véase también Tomuschat 1994). Habrá que decidirse por aquella «objetividad del ojo justo y justiciero» que incluso un crítico moral tan radical como Friedrich Nietzsche consideraba como «pedazo de perfección y de maestría suprema en la Tierra»

(1887, 130s.). La agenda de la política mundial debería
otorgar prioridad al correspondiente Código penal mundial ligado a una jurisdicción criminal mundial efectiva y
competente. Así se lograría, por fin, aplicar los criterios
de forma interculturalmente pareja y acabar con el escándalo, que perdura hasta el día de hoy, de la percep-
ción y memoria selectivas de los grandes crímenes, incluidos los genocidios.

II

Derechos humanos

Algunos críticos hablan con menosprecio de los derechos humanos como de la religión civil de la Modernidad. Otros temen que su expansión conlleve una forma sutil de imperialismo, un imperialismo jurídico-cultural, que imponga a otros valores que les son ajenos. Es cierto que los derechos humanos son parte de esa moral universalista, más exactamente, de la moral jurídica que, aun no habiendo sido un descubrimiento de Occidente y de su Modernidad, sí ha sido en este ámbito objeto de las reflexiones más radicales. La moral universalista, basada en las condiciones generales del ser humano, sobre todo en su razón, ya la hallamos notablemente difundida en la antigüedad, por ejemplo en Aristóteles (véase Höffe 1995a, 283ss.). Y, en forma de derecho penal, ciertos derechos humanos son reconocidos prácticamente por todas las culturas jurídicas.

Dentro de la cultura jurídica occidental, los derechos humanos se han convertido entretanto en algo tan obvio, que con su teoría cuadra perfectamente la tan citada frase de Hegel: la lechuza de Minerva (entiéndase: la filosofía) emprende el vuelo sólo al caer la noche. Sin embargo, es curioso que la legitimación de los derechos humanos siga planteando graves dificultades –casi dos siglos después de las primeras declaraciones de estos derechos. Algunas de estas dificultades repercuten incluso en su validez, y de ahí que la teoría de los derechos humanos, en lugar de ser una trasnochada lechuza de Minerva, pertenezca a una filosofía, en el sentido enfático, práctica y política. Las dificultades son en parte de índole política (1), en parte intercultural (2) y, también en parte, antropológica (3).

1. Derechos humanos y derechos fundamentales

Las primeras dificultades de índole política comienzan con el hecho de que una declaración de derechos humanos puede quedar en eso: en mera declaración sin mayores consecuencias. Un ejemplo: la República Popular de China, pese a reconocer en su constitución (artículo 87) la libertad de manifestación y de hacer procesiones, arremete con tanques contra estudiantes que se manifiestan. La respuesta a esta dificultad se llama positivación. Para que los derechos humanos, en lugar de quedar en meras palabras, adquieran la fuerza de la realización, han de convertirse en componente sólido del mundo social.

Según la tradición jurídica europeo-norteamericana, estos derechos entran con esta finalidad a formar parte de la constitución, unas veces, de la escrita, otras, de la no escrita, obligando desde ahí a los poderes públicos y abriendo la posibilidad de presentar demanda ante un tribunal contra una infracción de la ley. Pero también son concebibles otras vías de positivación. El texto teórico más importante de la constitución de los Estados Unidos en sus primeros años, los *Federalist Papers* (Hamilton/Jay/Madison 1788, número 84), aboga por ejemplo a favor de una constitución sin derechos fundamentales. Se aduce para ello el hecho de que la justicia y la libertad están mejor garantizadas por la división de poderes y por la democracia representativa. Y que allí donde se reconozcan como algo natural los correspondientes derechos, podría resultar contraproducente una positivación en forma jurídica. En este sentido teme el Japón que, con derechos humanos del niño que puedan ser reclamados judicialmente, en lugar de mejorarla, se pone más bien en peligro la protección del niño, toda vez que, de hecho, ya se otorga en este país un máximo de derechos a los niños. Sin embargo, ello no ha impedido que también el Japón haya ratificado recientemente (1995) la Convención sobre los Derechos del Niño de las Naciones Unidas.

Como la positivación puede, por una parte, ser realizada de modo diferente y, por otra, una garantía exigible puede resultar contraproducente allí donde el reconocimiento caiga por su propio peso, la filosofía del derecho defiende en primer lugar sólo una positivación, y se abstiene de hacer propuestas relativas a una forma más precisa. Aunque también llama la atención sobre la pertinente diferenciación conceptual. Allí donde los derechos humanos entran a formar parte de la constitución, desde la cual obligan entonces a los poderes públicos, éstos, que antes eran sólo parte integrante de la moral jurídica universalista, se convierten ahora en elementos del derecho positivo, en derechos fundamentales de una comunidad jurídica particular. En la medida en que ésta reconozca los tres grupos de derechos humanos, no sólo los liberales derechos de libertad sino también los de participación democrática y, además, los derechos sociales, se la puede calificar de Estado constitucional democrático y de derecho.

Esta diferenciación no sólo se opone a las meras declaraciones sino también llama la atención sobre el origen preestatal y supraestatal de los derechos fundamentales. Mientras que los derechos fundamentales positivos son proclamados por un Estado concreto, por lo que corresponden sobre todo a sus habitantes, los derechos humanos formulan la reclamación elemental de corresponder al ser humano, sólo por el hecho de ser éste lo que es. Los derechos humanos están por tanto referidos a la persona sencillamente como persona, mientras que los derechos fundamentales conciernen a la persona en cuanto miembro de un ente público concreto. No se distinguen entre sí como derecho y moral, sino como derecho estatal y preestatal. Aquí, el derecho preestatal responde a la razón jurídica o al derecho moral, es decir, a la moral de lo que las personas se deben unas a otras. Los derechos humanos son por tanto derechos jurídicos y, a la vez, suprapositivos, morales.

Quien tematiza los derechos humanos sólo en cuanto derechos fundamentales escritos, no sólo ignora su estatus jurídico-moral, sino que reduce también su potencial crítico. Sólo aquel que proceda separando claramente los derechos humanos de los fundamentales, y refiriéndolos luego unos a otros, podrá aportar, por un lado, la posibilidad de seguir desarrollando críticamente, en nombre de los derechos humanos, aquellos otros derechos fundamentales que se hallan realmente en vigor dentro de un ente común; y, por otro, formular la tarea de ampliar la protección de los derechos fundamentales, más allá de un ente común particular, a la coexistencia de todos los entes comunes, a una comunidad jurídica internacional.

En particular, las primeras declaraciones son conscientes de la importancia elemental de los derechos humanos (véase también Ranaut/Sosoe 1991, 35). La *Virginia Bill of Rights* (1976) presenta una estructura a la que, en lo esencial, se atiene la *Déclaration* francesa (1789). El inicio –el art. 1, en Virginia; el 1 y el 2, en Francia– lo ocupan derechos preestatalmente válidos; a continuación se aduce el fundamento de legitimación para todo poder estatal; el art. 1 de Virginia y el 3 de Francia formulan que todo poder emana del pueblo; sólo en un tercer paso se habla de la actividad estatal, y luego de la autolimitación del poder estatal y de las tareas positivas del Estado (véase Kervégan 1995).

Esta sucesión es reflejo de la visión de que, desde la teoría de la legitimación, las reclamaciones en cuestión son formuladas y garantizadas primariamente por personas, frente a otras y en reciprocidad. En los derechos humanos, las personas se reconocen como sujetos jurídicos con igualdad de derechos. Sólo de modo secundario y, luego, subsidiario a los derechos humanos, reciben su legitimación el derecho positivo y la encarnación suprema de los poderes públicos, el Estado: éstos tienen la tarea de transformar estos derechos innatos, por la vía de la constitución y la legislación, en derecho positivo, y de imponer tal derecho a través del ejecutivo y la jurisdicción. En el lenguaje jurídico se dice que los derechos están garantizados, y con ello se está refiriendo a un efecto secundario, rigurosamente diferente de la garantía primaria.

Este estado de cosas se puede ejemplificar a través de dos conceptos o niveles de democracia; ellos corresponden a la diferencia existente entre justicia natural y justicia política (véase Höffe 1987, parte III). De acuerdo al concepto usual teórico-político, el de justicia política, se llama democrática a aquella forma de Estado en la que todo poder público emane de los sometidos a ella, es decir, del pueblo. A esta «democracia política» están antepuestos los derechos humanos en cuanto presupuestos inviolables. Al igual que todo Estado, también el democrático sólo puede garantizar los derechos humanos; la garantía originaria de estos derechos incumbe sin embargo a los copartícipes jurídicos. Ahora bien, también se podría entender ya a la comunidad de copartícipes jurídicos como una democracia. En esta democracia aún exenta de poderes públicos y, en este sentido, preestatal o prepolítica, es donde los derechos humanos tienen su origen. En la «democracia natural», los copartícipes jurídicos se garantizan recíprocamente aquellos derechos que luego en la democracia política son codificados e impuestos.

Desde el *System der subjektiven öffentlichen Rechte* de Georg Jellinek (Sistema de los derechos públicos subjetivos, 1892, ²1905) se diferencian para el sujeto de derecho tres tipos de exigencias frente al ordenamiento jurídico y del Estado. (Para Jellinek se trata por tanto de derechos fundamentales, no de derechos humanos). El *status negativus* comprende los derechos de libertad personales, entendidos como derechos de defensa contra el Estado; el *status activus* se refiere a los derechos de participación democrática; y la suma de aquellas exigencias que puede formular el ciudadano ante su ente común –que van desde la protección jurídica hasta el derecho a actividades administrativas del Estado en lo social y cultural– recibe la designación de *status positivus*. Jellinek añade un cuarto tipo, el *status passivus* o *status subjectionis*: aquí el ciudadano es súbdito en cuanto que está sometido a determinadas obligaciones impuestas por el Estado. Sin embargo, en su *Allgemeine Staatslehre* (Teoría general del Estado, ³1914, 418-424) ya no incluye esta «posición de la persona frente al Estado».

Gracias a Jellinek, la teoría de los derechos fundamentales recibe una sistemática admirable: hasta hoy es convincente su capacidad de diferenciación y la amplitud de la problemática, así como su capacidad de establecer una continuidad respecto al derecho en la antigüedad. Si analizamos los principios de la justicia de John Rawls (1971), entretanto mundialmente famosos, volveremos a encontrar estos tres tipos, si bien aquí echaremos en falta la clara diferenciación de Jellinek. El primer principio de la justicia de Rawls, el de la mayor libertad igual, cubre los dos primeros tipos –y nos hace echar de menos la diferencia, sin lugar a dudas fundamental, entre derechos de libertad y derechos de participación. El segundo principio de la justicia de Rawls asume en el principio diferencial tareas del *status positivus*. Pero en lo que toca a los derechos de libertad, de la forma de existencia estatal se ha de distinguir la preestatal. Originariamente, en la democracia natural donde se constituyen los derechos de libertad al ser éstos garantizados recíprocamente por los copartícipes jurídicos, lo único que se hace es defenderse frente a usurpaciones por parte de los congéneres. En la democracia política, y en cualquier otro ente político en donde únicamente se reconozcan y garanticen los derechos de libertad, habrá que defenderse adicionalmente contra las usurpaciones de los poderes públicos. Sólo entonces pasarán los derechos de libertad a ser derechos de defensa en el sentido de Jellinek que, además, es el usual hasta hoy.

2. Un discurso jurídico intercultural

La segunda dificultad radica en el hecho de que, pese a que a todas las culturas se exigen los derechos humanos, el discurso sobre ellos se desarrolla predominantemente sólo dentro de una cultura. Al tratarse de una institución jurídica que supuestamente trasciende las culturas, se corre por tanto el peligro de que tales derechos humanos traicionen su esencia: que en lugar de constituir el núcleo de una moral jurídica universal queden degradados a un «artículo de exportación de la cultura occidental». En este sentido, y debido a una cierta perplejidad, se echa en cara a Occidente, sin distinciones, promocionar un vehículo de «imperialismo cultural» fruto de una mentalidad etnocentrista o eurocentrista.

Este reproche se presenta en dos formas. Argumenta, en primer lugar, que los derechos humanos son desconocidos en otras culturas, no por circunstancias contingentes sino por buenas razones; tales derechos se necesitarían sólo bajo condiciones como las de Occidente: por un lado debido a su imagen individualista de la persona y, por otro, por padecer –como consecuencia de la esclavitud, la intolerancia religiosa, la colonización y el imperialismo– bajo aquellas patologías para cuya terapia serían necesarios los derechos humanos. En segundo lugar, se aduce que las otras culturas tienen un derecho a la no intromisión; Occidente no estaría autorizado a influenciar culturas extranjeras a través de la idea de los derechos humanos. Aparte de que, en tercer lugar, amenaza el peligro de que los derechos humanos sean exportados «en paquete», es decir, no desligados de su contexto sino estrechamente asociados a otros elementos de la cultura occidental, concretamente a su técnica, a su economía y a su lengua dominante, el inglés americano. Sobre este tercer aspecto volveremos más adelante.

Este doble reproche no carece totalmente de justificación cuando proviene, por ejemplo, de Estados africanos al sur del Sahara. Dado que sus elites han sido educadas en París, Oxford, Cambridge o Harvard, es decir, en el marco de la cultura jurídica de los antiguos colonizadores, los preámbulos de sus constituciones incluyen, con la mayor naturalidad del mundo, declaraciones de los derechos humanos. Pero éstas no son el producto de un discurso dentro de sus propias tradiciones jurídicas, sino más bien, el adorno exótico antepuesto a ellas. Con razón se lamenta la falta de capacidad para imponer los derechos humanos en muchas partes de África; pero igualmente preocupante es el hecho de que, incluso la «African Charter on Human and Peoples' Rights» (1981; texto en Ginther/Benedeck 1983, 247-262) se lea como una copia de las declaraciones americanas y europeas. Su concepto del derecho, tanto individualista como ahistórico, contradice sin embargo al derecho africano autóctono. Es característica de éste una solidaridad que no arranca del amor al prójimo, y que predomina en dos dimensiones: una sincrónica, en cuanto solidaridad de la gran familia a la que incluso corresponde una fuerza constituyente de sujeto («soy de la familia, luego existo»: Bujo 1990, 711); y otra diacrónica, en cuanto solidaridad de anamnesis, aquí en una forma que ya nos resulta ajena: en cuanto gratitud para con los antepasados.

La respuesta a la nueva dificultad ya no puede ser la positivación de los derechos humanos. Si éstos han de ser exigidos a otras culturas sin violentarlas, entonces se precisa de un diálogo intercultural que venga a sustituir la enseñanza autosuficiente y unilateral de los demás. Para ello no basta con exponerse recíprocamente los propios puntos de vista y permitir demandas de información aclaratoria. Y como también hay que plantearse la cuestión de la legitimación, y profundizar además en los fundamentos de una cultura, el diálogo se convierte en discurso.

Tal discurso intercultural se ha de practicar no sólo con los Estados africanos, sino también, por citar un ejemplo, con los islámicos. La «Declaración General de los Derechos Humanos en el islam» (1981; trad. al inglés y francés en *Islamochristia* 9, 1983, 103-140) confirma una serie de derechos, citando los textos pertinentes tomados del Corán, de la tradición de los profetas y del comportamiento del primer califa. Pero al haber sido redactada por tradicionalistas, esta declaración no se dirige contra la desigualdad de hombre y mujer, pronunciándose sólo insuficientemente a favor de la libertad de religión y en contra de castigos corporales. Aparte de que tampoco está previsto en ella ese elemento siempre irrenunciable cuando los derechos se ven amenazados: una garantía exigible, ligada a instrumentos para su imposición. Se añade por último la circunstancia de que los autores, un grupo de pensadores islámicos, no gozan en sus países de ningún tipo de autoridad política o jurídica. Y, lo que es más grave, el texto no ha sido ratificado allí donde tendrían que exigir limitaciones a la religión dominante, en los mismos Estados islámicos. Su aprobación está prevista sólo a iniciativa del Consejo Islámico en Europa y en el marco de la UNESCO en París.

Se suele decir que hoy es universal al menos la adhesión formal de los Estados a los derechos humanos (Ermacora 1983, 33). Por ello es tanto más notable que los Estados islámicos sólo hayan ratificado una parte de los acuerdos internacionales sobre derechos humanos aprobados por las Naciones Unidas después de la Declaración de 1948. Egipto, país que desde 1948 trata por separado las prescripciones religiosas y las jurídicas en el derecho civil, ha ratificado al menos dos tercios. Sin embargo, en aquellos otros países donde el monarca aún sigue representando directamente, como vicario de Allah, la voluntad de éste sobre la Tierra, como en Arabia Saudita –precisamente, y no por casualidad, uno de los pocos Estados sin constitución propia– sólo se han ratificado tres de un total de más de 20 acuerdos (según Naciones Unidas 1982). Aunque tampoco se ha de omitir que hay países occidentales que no han ratificado algunos acuerdos, o lo han hecho sólo tardíamente.

Por razones de juego limpio no se han de ignorar tres puntos de vista:

Primero: también el cristianismo se tomó su tiempo antes de reconocer los derechos humanos, teniendo concretamente que elaborarse dos concepciones para un largo proceso de modernización. Según la concepción filosófica no existe contradicción alguna entre el fundamento de los derechos humanos: una determinada conciencia de libertad, y el fundamento de la religión: la orientación a Dios; al contrario, incluso existen correspondencias entre estos fundamentos. Por su parte, la concepción política afirma que, por su propio bien, la religión no precisa de la mezcla de Estado e Iglesia, que la unidad de trono y altar incluso perjudica a la religión. Y ahora, para llegar a esta doble concepción, el islam no tiene otra alternativa que desistir de aquella sacralización de la sociedad y la política que, en realidad, no es más que un injerto en el fundamento genuinamente religioso, en El Corán. (Sobre la crítica al monopolio de la verdad por parte de «fundamentalistas» islámicos, véase Abu Zaid 1996.) El islam habrá de liberarse del llamado Modelo de Medina, es decir, del ideal de un ente común guiado por la autoridad divina, donde religión y política se hallan tan entrelazadas que las leyes religiosas determinan directamente (casi) toda la vida social, cultural y política. En lugar de ello habrá que tratar de «des-sacralizar la historia, el derecho y el Estado, así como, a la inversa, liberar a la religión de todo el lastre jurídico» (Charfi 1993, 118).

Segundo: la necesaria modernización se ve dificultada por la circunstancia de que la expansión colonial europea vulneró profundamente el ámbito islámico en lo político, lo económico y, sobre todo, en su autoconciencia cultural. En este sentido, en la «agresión cultural del Oeste» (*al-ghazw al-fibri*: Arkoun 1993, 313),

176

recae sobre Europa una considerable responsabilidad, si bien no sobre toda ella, sino sólo sobre las potencias coloniales líderes en el área mediterránea. Por lo demás, en el aspecto intelectual se puede saldar parte de esta responsabilidad admitiendo, por una parte, ese lado sombrío de la cultura europea: esclavitud, colonización e imperialismo, aparte de aquella intolerancia religiosa que condujo a las guerras de religión y a emigraciones a gran escala; y, por otra, acentuando las dos concepciones citadas. Si el islam se atiene a su fundamento religioso, El Corán, y constata además su compatibilidad con los derechos humanos, no tiene por qué seguir temiendo aquí un menoscabo de la identidad islámica.

Tercero: probablemente fueron las escuelas jurídicas islámicas de los siglos VIII y IX las primeras que, bajo religiones monoteístas, desarrollaron un instrumento para relacionarse con minorías nacionales, culturales y religiosas. Los «dhimmis», los miembros de comunidades religiosas no musulmanas, gozaban de una autonomía colectiva; tenían derecho a decidir por sí mismos sobre sus asuntos internos, y se hallaban bajo la protección del Estado al que, en compensación, pagaban una «capitación», que a su vez los dispensaba de determinadas tareas comunitarias, por ejemplo del servicio militar (véase Afshar 1994; más crítico Khoury 1993). Este instrumento –caso de que realmente se aplicara, ya que la realidad naturalmente siempre es distinta, véase Tibi 1994, 110)– otorgaba libertad a las minorías. Pero lo hacía sólo colectivamente; no protegiendo a individuos o grupos «herejes» o de tendencia laica que existían tanto entre los no musulmanes como entre los musulmanes. Sin embargo, si la persona cuenta como persona y no sólo como miembro de un grupo, entonces precisa, adicionalmente a la autonomía colectiva, una segunda autonomía, la de índole individual. Con esta última, el islam tradicional tiene dificultades hasta el día de hoy.

Ya los mismos discursos interculturales «corrientes» son en sí difíciles. Todavía resultan más difíciles cuando los interlocutores están ausentes por principio. Para un grupo, para el de las futuras generaciones, ya comenzamos a ser sensibles; el discurso pertinente se ve facilitado ya por el simple hecho de que sus intereses coinciden con los nuestros. Por el mismo motivo, por la coincidencia parcial entre justicia e interés propio, es de esperar que, primero la teoría y luego la práctica de los derechos humanos, alcancen también a aquel segundo grupo con el que un discurso jurídico directo sería –hay que decirlo con toda claridad– mortal en sentido literal: hay pueblos que, como los indios del Amazonas, solamente podrán sobrevivir (físicamente y, sobre todo, en sentido cultural), si son absolutamente protegidos frente a influjos externos. Un bienvenido efecto secundario, «egoísta», sería el siguiente: si se logra declarar sacrosanto el ámbito de vida de estos pueblos, todos los demás se beneficiarán de esta ventaja ecológica.

Ya por su misma concepción, los derechos humanos están como predestinados para los discursos interculturales. Puesto que lo que se dice en la retórica pertinente –que nadie debe obtener ventajas o preferencias por razón de su sexo, origen, raza, lengua, etc.– significa algo más que sólo un primer grado de universalismo, de aquella universalidad interna a una cultura según la cual la igualdad de derechos sólo sería válida en el marco de una cultura, por ejemplo en las culturas jurídicas de la Europa occidental. Para que los derechos humanos merezcan tal nombre, han de formular la exigencia más amplia de no estar restringidos ni a Occidente ni a su Modernidad. Independientemente de la sociedad o de la época en que viva una persona, ésta ha de poseer ciertos derechos sólo por el hecho de ser persona. Según este segundo grado de universalismo, en el concepto ya está contenido el derecho a una validez no sólo intercultural sino también supratemporal. Como consecuencia pierde validez aquella estrategia de descargo tan recurrida por regímenes hostiles a los derechos humanos: de que éstos, por estar vinculados a una cultura determinada, sólo son obligatorios dentro de ésta y no de las demás. La obligatoriedad, que de hecho va más allá, tiene una consecuencia política: permite criticar violaciones de los derechos humanos en las culturas jurídicas más diversas, tanto en las occidentales como en las orientales, en colectivos tanto religiosos como secularizados. Naturalmente que la crítica no debe ser fruto ni de una ignorancia irreflexiva ni del cálculo político.

Ante el reproche de «imperialismo cultural occidental», la filosofía no se recluye en el concepto de los derechos humanos. Más bien presta su voz a las culturas no occidentales, pese a ser ella misma un producto de Occidente. Y no lo hace en la forma hoy tan popular de una mutación, que hace de los filósofos una especie de etnólogos fundamentales: de teóricos de la sociedad mundial que, por el tema, se sitúan en la tradición de la etnología americana posterior a los años 40 (véase el «Statement on Human Rights» de Herskovits, 1947) y que, por miedo a sofocar la peculiaridad de las culturas foráneas, defienden el relativismo más puro.

La filosofía comienza con la anulación del miedo. Puesto que en la base de lo que drásticamente se llama la «tiranía de lo general» hay un malentendido: se confunde universalidad con uniformidad, o bien: se equiparan principios jurídicos universales con el allanamiento de las diferencias sociales y culturales. El principio de la igualdad de derechos en el ámbito lingüístico, por ejemplo, no amenaza la existencia de las respectivas lenguas, sino que garantiza su coexistencia, la convivencia de lo diverso. El peligro de un «imperialismo cultural» no amenaza del lado de los principios jurídicos universales, sino desde otros ángulos, por ejemplo desde la «exportación» de modelos de comportamiento, de costumbres de consumo y de culturas foráneas (desde la cultura *pop* pasando por los bienes educativos hasta la lengua). No hay duda de que la correspondiente importación también puede enriquecer la propia cultura; mas también puede promover tendencias hegemonistas y provocar crisis de identidad. La filosofía sigue transformando el reproche del imperialismo cultural en una tarea filosófica, es decir, en una pregunta a la que todavía está faltando una verdadera respuesta. Se trata de la doble cuestión fundamental que plantea todo discurso jurídico intercultural: ¿cómo se puede exigir a cada cultura y a cada época distinta una institución jurídica surgida en Occidente y, además, muy tarde? En primer lugar, ¿cómo habrá que concebir tal institución y, en segundo lugar, cómo realizarla, de manera que ella escape a la temida tiranía de lo general y reconozca lo particular en su propia particularidad, en lugar de dejarlo diluirse en lo general?

Sin duda que se podrán exigir los derechos humanos a todas las culturas sólo en el caso de que no exista una institución jurídica válida sólo en lo particular. De carácter evidentemente particular y, a veces, incluso contingente de manera provocadora, son las condiciones precisas del nacimiento de los derechos humanos. Refresquemos un poco la memoria: unos fugitivos por razones religiosas, pero que pese a todo se sentían ligados a su país de origen, insistían en sus derechos hereditarios; y como por la actitud negativa de la Corona ya no podían reclamar tales derechos en cuanto ciudadanos británicos, entonces recurrieron, *faute de mieux*, a niveles muy altos: ya no hablaban de los derechos de un cristiano o de un blanco civilizado, que sería el nivel siguiente, sino, con todo entusiasmo, de los derechos del ser humano en cuanto tal.

Además, como bien sabemos, los «padres peregrinos» realmente exageraban: precisamente en el Estado de la primerísima Declaración de los Derechos Humanos siguió vigente sin el menor escrúpulo algo que contradecía a todas luces la rimbombante Declaración, y que lamentablemente justifica el funesto diagnóstico de Sartre (1988, 156) sobre el «humanismo racista», su frase de que «el europeo sólo ha podido convertirse en persona a través de la producción de esclavos». En Virginia siguió durante largo tiempo vigente la esclavitud, sin que nadie la pusiera en tela de juicio. Con razón llama la atención Edmund S. Morgan, en su estudio *American Slavery, American Freedom* (1975), sobre una pequeña mácula en la ilustrada teoría jurídica de los Estados Unidos: las primeras declaraciones de los derechos humanos fueron redactadas precisamente por aquellos protestantes anglosajones blancos («white anglosaxon-protestants», los llamados «whaps») que quedaban libres para actividades legislativas y constitucionales sólo gracias al trabajo de sus esclavos.

Nuestra institución jurídica podrá reclamar una validez intercultural, e incluso universal, sólo si desliga la legitimación de las condiciones de su génesis. Si la persona ha de disponer de ciertos derechos realmente sólo en cuanto persona, las experiencias occidentales pueden tener sin duda un significado heurístico. Sin embargo, la fuerza de la argumentación radica exclusivamente en argumentos interculturalmente válidos, independientes de Occidente.

Pese a que esta condición cae por su peso desde la lógica de la argumentación –en otro caso se incurriría en un sofisma naturalista–, se suele subestimar su alcance. Puesto que habrá que hacer abstracción de la conocida historia del espíritu y de la concepción de los derechos humanos, así como de su historia jurídica y social, por ejemplo de la cuestión en torno a los requisitos económicos. Si han de existir derechos humanos, ello no puede deberse sólo a la circunstancia de que la moderna forma de economía, el capitalismo, precisa de una protección jurídica global. Por lo demás, es perfectamente compatible con una protección jurídica global algo diametralmente opuesto a la idea de los derechos humanos y que, muy a pesar de ello, se da en la práctica: la esclavitud y servidumbre, la desigualdad entre hombre y mujer, la falta de derechos de los niños y la colonización. La legitimación de los derechos humanos ha de desligarse también de una determinada fase de desarrollo del Estado moderno, de la época de la Reforma y del absolutismo.

Nadie discute el valor de los estudios históricos, pero incluso su peso depende de una indagación sistemática previa. Por ejemplo: la minuciosa reconstrucción del debate sobre derechos humanos mantenido en Francia entre el 9 de julio y el 26 de agosto de 1789, presentada por Gauchet, carecería de todo interés, pese a su indiscutible erudición, si ella estuviera limitada a recordar simplemente las controversias y cambios de entonces. Gauchet pretende mucho más: rebusca equívocos y antinomias, dilemas, incluso contradicciones que han quedado entre líneas en los textos aprobados y que le obligan a hacer un balance –por lo demás no unánimemente compartido–, que lleva a la dura conclusión de que la experiencia revolucionaria fracasó debido a «*l'echec à constituer une organisation de pouvoir traduisant de manière adéquate la liberté et l'égalité des citoyens*» (Gauchet 1989, 201). Pero incluso allí donde se habla de fracaso se sigue escribiendo la historia de los derechos humanos desde la autoconciencia de Europa y de su Modernidad. Por lo demás es recomendable que, al internarse en estudios históricos, se los amplíe con un interés por lo intercultural. Al igual que ya se ha practicado en la «Declaración General de los Derechos Humanos en el islam», habría que buscar testimonios de estos derechos también fuera de la tradición jurídica occidental.

También se puede argumentar estratégicamente a favor de una legitimación ahistórica, genuinamente sistemática. Para convencer a culturas a las que esta institución jurídica resulta relativamente extraña, se busca justificarla absolutamente sin atenerse a las diferencias culturales. Tal legitimación culturalmente neutral persigue aquí la finalidad política de despertar o elevar el grado de asentimiento a un objetivo previamente definido. Un segundo argumento estratégico es de naturaleza didáctica: quien quiera hacer comprensible la idea de los derechos humanos, habrá de formularla, si no en la lengua de las otras culturas, sí al menos en un lenguaje neutral.

Pero la decisiva es la otra razón que no es ni de índole estratégica ni política, sino legitimatoria: que se precisa de una argumentación culturalmente neutral ya por las mismas pretensiones que formula esta institución jurídica. Las condiciones de éxito de un discurso jurídico intercultural coinciden con las condiciones de éxito de la legitimación misma. Si existen realmente derechos innatos, las experiencias occidentales pueden tener perfectamente una importancia heurística, pero la fuerza justificativa radica exclusivamente en argumentos invariablemente válidos en todas las culturas.

De la idea de los derechos humanos se sigue un argumento integrador. Este vincula el contenido normativo central de la institución jurídica, la igualdad de derechos, con el diagnóstico antropológico de que todo ser humano nace dentro una cultura o «mezcla» de culturas, y de que está profundamente marcado por ella. Si ha de ser correcto el postulado de los derechos humanos de que nadie puede ser discriminado por razones de origen, entonces quedará prohibida la discriminación de los miembros de culturas foráneas. Mas sin la respectiva cultura sólo hay individuos abstractos, no seres humanos concretos. En consecuencia, para que los individuos tengan igualdad de derechos, también tendrá que existir esa igualdad para su patria social, para su cultura.

3. Conversión de la antropología

La tercera dificultad con los derechos humanos deriva de la cuestión de qué queda tras haberse efectuado la separación entre legitimación y génesis, y hecho abstracción de todas las particularidades de la Edad Moderna. Está muy difundida la opinión de que esta institución jurídica se halla ligada a una determinada imagen del ser humano. A ello se añade algo que no sólo perfila el contenido de la cosa, sino que limita también su validez: una imagen de la persona se presenta como judía; otra, emparentada con la anterior, como cristiana; una tercera, como musulmana; una cuarta, como budista; una quinta –en un riguroso «ni lo uno ni lo otro»–, como atea. Además, la imagen de la persona de la Edad Moderna europea es individualista y relativamente carente de historia, mientras que la de los africanos, como ya indicamos antes, está determinada por una solidaridad característica. Así pues, las imágenes que se tiene del ser humano son dependientes de la cultura.

Aunque no toda dependencia cultural tiene por qué inquietarnos. Gracias a su imagen de la persona, los europeos podrían estar dispuestos, por ejemplo, a conceder ciertos derechos no sólo a sus semejantes, los europeos, sino a todos los seres humanos sin que importara su cultura. Sin embargo se presentan tres dificultades: en primer lugar, la cultura europea se ha hecho entretanto tan radicalmente pluralista que ya no conoce una imagen unitaria de la persona; en segundo lugar, aun cuando dispusiera todavía de tal imagen, no tendría el derecho a imponerla a otras culturas; en tercer lugar, allí donde se ponen los derechos humanos en dependencia de una determinada imagen de la persona, se los vincula, de modo más o menos sutil, a una determinada interpretación de validez limitada. En consecuencia se pone en juego el propio requerimiento, el concepto de un ser independiente de todas las controversias interpretativas, la «idea» de la persona tal cual, sin ambigüedades ni rodeos.

¿Y si una de estas imágenes fuera la correcta? De hecho se halla muy difundida la opinión de que la síntesis resultante de la revelación judeo-cristiana y de la mentalidad griega, romana y germánica, y adicionalmente marcada por las experiencias de la temprana Edad Moderna, es, pese a su génesis histórica, supratemporalmente verdadera. Pero esa propiedad de ser eventualmente «verdadera» también la pueden tener elementos de otras culturas. Sobre todo, lo decisivo no es la imagen o su tradición, sino los argumentos. Hoy tenemos que despedirnos, no necesariamente en cuanto a las fuentes de inspiración pero sí en cuanto a la lógica de la argumentación, de las imágenes del ser humano específicas de Occidente; y someternos luego a una tarea que hoy, en la época del historicismo y del relativismo practicado, puede resultar incluso escandalosa: precisamos de una antropología.

El joven Habermas (1958, 52s.), en aquellos años aún bajo el influjo del antropólogo de la cultura Erich Rothacker, manifestó el siguiente temor: «Si, a pesar de todo, la antropología sigue aferrada a proceder "ontológicamente", a convertir en su objeto de investigación lo cíclico, lo inmutable, lo que se halla en la base de todo ser humano y de sus obras, se hará acrítica y conducirá a fin de cuentas a un dogmatismo con consecuencias políticas, tanto más peligroso aún cuanto que se presenta con la pretensión de ser una ciencia neutral.» Dejemos a un lado la cuestión de si el ejemplo aducido por Habermas, la obra *Urmensch und Spätkultur* de Gehlen (Hombre primitivo y cultura tardía,

1956), prueba su tesis. En lo que toca a los derechos humanos vale exactamente lo contrario: para evitar un afianzamiento dogmático del respectivo derecho positivo vigente, hay necesidad de una institución jurídica que desarrolle su fuerza crítica sólo en referencia a lo siempre igual de la persona.

Un concepto de persona, independiente de las peculiaridades de las culturas, o sea, interculturalmente válido, ya lo conoce el pensamiento occidental desde hace mucho tiempo. Últimamente, sin embargo, predomina el escepticismo, aquella desconfianza que conocemos desde Lukács (1922, 204) y Horkheimer (1935) y, en realidad, desde Nietzsche, que califica al ser humano de «más indeterminado que cualquier otro animal» (*Genealogie der Moral*, 3. Abh., Nr. 13), y desde Dilthey (*Ges. Schriften* VIII, 226) cuando afirma: «Lo que es el ser humano sólo se lo dice la historia». Quien se haya hecho sensible a la desconfianza incluso encuentra ya antes muestras de ella. En Hegel, por ejemplo, ya se detecta escepticismo cuando en la *Enzyklopädie* (§ 387) dice de la antropología que ésta se ocupa del espíritu aún no libre; también en la recensión de Kant de las *Ideen zur Philosophie der Geschichte der Menschheit* de Herder y, antes, en el segundo tratado de Rousseau, en el *Discours sur l'origine de l'inégalité parmi les hommes*. Si nos atenemos a planteamientos como los de un Rorty (1989, 44), el escepticismo frente a la antropología se ha convertido entretanto en algo tan natural que uno se puede conformar con una observación marginal: «*fruitless by way of anthropology*». Si tal escepticismo estuviera justificado y la humanidad viviera no sólo en una época postmetafísica, como se afirma con frecuencia, sino además postantropológica, tendríamos graves problemas a la hora de legitimar los derechos del *humano*.

Pero, en realidad, tal escepticismo es prematuro. Pasa por alto el hecho de que, de los dos conceptos fundamentalmente distintos de la antropología, los derechos humanos presuponen sólo el segundo, el menos pretencioso. La antropología más exigente, la teleológica («perfeccionista»), define al ser humano a partir de aquellas tareas u oportunidades que ha de asumir todo aquel que, en un sentido enfático, trate de ser persona. Aquí se corre el peligro de que, en último término, sólo cuente aquel ser del que se ocupa una tal antropología, la persona realmente humana, mientras que a las otras personas no tan «humanas» –esclavos, mujeres, pueblos colonizados– se denieguen derechos fundamentales.

En la antigüedad, incluso los intelectuales más destacados, filósofos como Platón y Aristóteles, son de la opinión de que quien presenta un déficit fundamental en lo que concierne a su capacidad de raciocinio o, en términos más concisos, el «minusválido intelectual», puede ser utilizado como *diakonos*, como criado, pero que, por lo demás, es un miembro poco deseable para la sociedad, *me pany axiokoinonetos* (*Politeia* II 371e). Este «minusválido intelectual» es para Aristóteles incluso un *physei doulos*, un ser de derecho inferior, por naturaleza y por buenas razones, un esclavo (*Política* I 3ss.). Opiniones similares encontramos en los teólogos cristianos hasta la alta Edad Media y en muchos reformadores. Como ya hemos apuntado antes, tampoco los padres de la *Virginia Bill of Rights* tuvieron mayores problemas de conciencia por tener esclavos a su servicio.

Sin embargo, una antropología que deje abierta la cuestión sobre lo realmente humano en la persona, evita el peligro de contribuir a que las desiguladades se conviertan en derecho. Las sociedades modernas se caracterizan por una diversidad no sólo de las religiones, confesiones y cosmovisiones, sino también de las costumbres de la vida diaria y de las concepciones de valor que las sustentan, en pocas palabras: por un pluralismo pluridimensional. La diversidad no es sólo una propiedad observable. Es también capaz de algo vedado a grupos homogéneos: la diversidad muestra una riqueza de opciones, deja a la persona la libertad de vivir la opción que le parezca más prometedora, y une esa libertad, al garantizársela a todos los seres humanos, a la justicia. Así pues, el pluralismo tiene a su vez un valor humano (véase Höffe 1988, 105ss.) y, por ello, también una renuncia a la cuestión acerca del *humanum* puede darse por razones perfectamente humanas.

Sin embargo, el valor humano del pluralismo está limitado, puesto que no toda opción ofrece las mismas posibilidades para una vida plena de sentido. Existen por el contrario formas de vida en las que la persona se realiza más fácilmente, otras en las que avanza en su realización, y de nuevo otras que dificultan una vida plena, o incluso la hacen imposible. En este sentido podría estar justificada la tesis de Aristóteles, de que quien siempre obedece a sus pasiones del momento, malogra estructuralmente la realización plena de su vida (*Ética a Nicómaco* I 3, 1095b 19-22 y o.; véase Höffe 1988b). Por su parte, también Nietzsche podría tener razón cuando, al referirse a una persona que practica la justicia incluso frente a los que le han perjudicado, dice que es una verdadero «pedazo de perfección y de sublime maestría sobre la Tierra» (*Genealogía de la moral*, Trat. 2º, número II).

Por este motivo, una antropología de los derechos humanos no declara como absolutamente imposible una antropología teleológica y, sin embargo, se impone la más rigurosa reserva en la cuestión relativa a lo verdaderamente humano. Su renuncia a todo concepto normativo del ser humano tiene una razón distinta, temática. Allí donde se pregunta por derechos del ser humano sólo en cuanto tal, no se plantea para nada la pregunta sobre una existencia plenamente realizada, de modo que no se busca nada más que una antropología parcial. Aunque parecería una deficiencia, en realidad esta indeterminación es una ventaja: no es indiferencia frente a lo verdaderamente humano ni tampoco una reducción de lo humano, sino la supresión de los factores de interferencia. Y con ello llegamos a la segunda pregunta fundamental de un discurso jurídico intercultural: una antropología de los derechos humanos escapa a la temida tiranía de lo general por el hecho de concentrarse en lo que aquí es esencial; por ello deja también abierta la cuestión acerca del *humanum*. Y es exactamente por este motivo por el que tal antropología puede ser exigida a las diversas culturas y también en todas las épocas.

Gracias a su característica indeterminación, los derechos humanos incluyen un motivo de los «etnólogos fundamentales» y, pese a ello, escapan a su relativismo. Estos derechos son universalmente válidos sin caer en la temida uniformidad de los conceptos universales. La idea de los derechos humanos no es indiferente frente a definiciones más exigentes del ser humano, aunque sí está abierta a ellas. Así, primero para las diversas culturas, luego para las diversas subculturas dentro de una misma cultura y, por último, para los individuos dentro de ambas –supuesto que se den las correspondientes condiciones marco– queda un derecho que aún no garantiza la autonomía conocida por el islam, la meramente colectiva: el derecho también a una diversidad individual, incluso a la excentricidad.

Pero este derecho no es ilimitado. La defensa de un pluralismo radical, tan en boga entre los llamados pensadores postmodernos, parece un tanto irreflexiva a la luz de los derechos humanos. Puesto que ¿cómo va a ser viable la diversidad social por la que se pronuncian, si en lo social no existe otra cosa que una diversidad? Contra una pluralización radical y una historización igualmente radical interponen recurso los derechos humanos, calificando ciertas condiciones de no pluralizables y tampoco historizables. Con ello, modestia e inmodestia entablan una relación característica: aquel elemento que pone límites a todo derecho a la diversidad y a la no conformidad, el pretencioso supuesto de la existencia de condiciones suprahistóricamente válidas de la existencia humana, se combina ahora con una condición para la diversidad y la no conformidad, concretamente con una renuncia a todo concepto normativo de lo humano; una renuncia que por lo demás no es absoluta sino únicamente determinada por el tema.

Esta combinación resulta posible sólo a través de una inversión de la perspectiva antropológica, de una conversión, que bien merece el exigente título que la filosofía contemporánea se reserva para transformaciones fundamentales. Para la fundamentación de los derechos humanos es necesaria una revolución copernicana; claro que no para la astronomía o, como en el caso de Kant, para la teoría del conocimiento, sino para la antropología. Por lo demás, tal conversión no es fundamentalmente necesaria, sino sólo limitada a un tema preciso.

En lugar de definir al ser humano a partir de lo que le proporciona la felicidad, la autorrealización o una existencia plena de sentido, la antropología habrá de despedirse de conceptos normativos y teleológicos. Hacerse persona en el sentido más exigente significa someterse a las condiciones de consumación de lo humano. La idea de los derechos humanos, por el contrario, se conforma con lo que hace posible a la persona en cuanto tal. Con modestia antropológica se concentra en aquellas condiciones iniciales que son las únicas en hacer posible a la persona como persona, y sólo por ello merecen el conocido calificativo de humanas: en cuanto elementos irrenunciables para el ser humano, le son innatos e inalienables, tienen un rango antropológico.

4. Intereses transcendentales e intercambio transcendental

Como quiera que lo importante son las condiciones de la posibilidad, podemos recurrir a la expresión consagrada desde Kant y hablar de intereses –relativamente– transcendentales. Sobre la base de ellos, con la combinación de antropología y filosofía transcendental, se debería disolver la desconfianza frente al elemento de lo siempre-igual en la antropología. Aparte de que, una vez más, la legitimación de los derechos humanos recibe un significado práctico. A la tarea del discurso jurídico intercultural se añade una opinión más a debatir en torno al proyecto de la Modernidad.

Como se sabe, se trata de un debate en parte muy duro. Uno de los mayores críticos de la Modernidad, Alasdair MacIntyre, pasa a la ofensiva para defender su posición. Ahora bien, una buena estrategia ofensiva o bien cambia las reglas de la carga probatoria o descubre que las aparentes pruebas son totalmente falsas. MacIntyre elige la segunda estrategia. Respecto a la moral echa en cara a la Modernidad lo que ésta suele objetar en contra de la Edad Media, con lo que le arrebata una ventaja en la carga de la prueba. La época que se apostrofa a sí misma como Ilustración es presentada por MacIntyre (²1985, 69) como superstición, comparable a la creencia en brujas y unicornios. Hasta ahora ha fracasado todo intento de hallar buenas razones para la concepción moderna de la moral, una situación que para nada es de extrañar una vez que el concepto moderno de razón, bien sea protestante o católico-jansenista, ha abandonado una condición irrenunciable para toda fundamentación moral: la idea de una verdadera finalidad del ser humano («man's true end»: MacIntyre ²1985, 53) y, con ello, una antropología tanto normativa («true») como teleológica («end»).

Según las reflexiones precedentes, esta crítica no está justificada por el hecho mismo de que, para un importante ámbito dentro de la moral moderna –para el núcleo de la moral jurídica: los derechos humanos–, la renuncia a una teleología es parte de las condiciones de éxito de la legitimación. Y no se despide a la teleología a causa de un nuevo concepto de razón o de moral, ni tampoco por el argumento teórico-científico de que la cuestión del «para qué» ya sea obsoleta y, finalmente, tampoco se afirma que en la antropología no haya en principio lugar para la perspectiva teleológica. Esta separación no se produce en absoluto por razones externas, sino objetivamente internas: a causa de los mismos derechos humanos. Dos aspectos son aquí importantes: en el sentido jurídico-práctico, la modernidad desarrolla una nueva sensibilidad jurídico-moral; según ella corresponden a cada persona de cualquier cultura derechos irrenunciables. Y, desde la teoría de la legitimación, se trata del convencimiento de que la nueva sensibilidad se puede fundamentar sólo a base de un nuevo concepto del ser humano que ya no sea teleológico.

Si me permiten un paréntesis para una pequeña polémica contra MacIntyre: quien reprueba *in globo* el proyecto de la Modernidad, debería someterse al esfuerzo de conocer ese conjunto llamado «Modernidad». Todo el que acepte a Kant como uno de los pensadores orientadores constatará en él una presencia sorprendentemente amplia de la teleología. No sólo está presente en la *Crítica del juicio*, y aquí al menos para cuatro ámbitos: para la estética; para la ciencia de lo orgánico, la biología; para la ética en combinación con la teología; y para la filosofía en su conjunto. También descubrimos elementos teleológicos en la filosofía de la historia, y también en la ética, si bien no en la ética jurídica salvo en su complementación histórico-filosófica. Y la reflexión esbozada muestra que por buenas razones está ausente la teleología en la ética jurídica.

Pero la tarea de la legitimación sigue insuficientemente definida sólo sobre la base de intereses transcendentales. Para que haya derechos humanos, tiene que existir un concepto universal del ser humano en cuanto tal. Un tal concepto es familiar en Occidente desde la definición judeo-cristiana del ser humano como imagen de Dios e, igualmente, desde su definición griega como *zōon logon echon*. Pese a todo, ni la una ni la otra cultura saca consecuencias jurídicas de su concepción universal del ser humano. De ahí que ambas tradiciones, tanto la filosofía como la teología cristiana, estén llamadas a la modestia. Una primera prueba de ella sería: renuncia a la historia de las ideas; una segunda: separarse de imágenes del ser humano; y la tercera sería admitir que ni la filosofía griega ni la teología cristiana agotan sus posibilidades de fundamentar y establecer derechos humanos. Al contrario de los usuales retoques a la historia de las ideas, aquí predomina más bien un grave déficit.

Desde el siglo XIII, Europa conoce cartas de libertades o bien declaraciones de derechos del tipo de la *Magna Charta Libertatum* y de la Bula Aurea de Andrés II de Hungría. Estos documentos son redactados en Estados donde ambas ideas, la persona como imagen de Dios y como ser dotado de razón, son corrrientes. Y, sin embargo, las libertades no se otorgan a la persona en cuanto persona. La persona no tiene los correspondientes derechos en cuanto persona, sino en su calidad de súbdito y, además, sólo porque su señor se los concede en actitud benevolente. Como ya pone de relieve Hobbes (*Leviathan*, capítulo 26, último párrafo), estas cartas de libertades son, de acuerdo a la semántica de *charta*, donaciones de los soberanos a sus súbditos, aunque también es cierto, como se indica con razón en los *Federalist Papers* (Hamilton/Jay/Madison 1788, Nr. 84), que los barones «con la espada en la mano se los arrancaban» al rey.

La contradicción pragmática en que incurren los padres constitucionales de Virginia, bien podría haber sido facilitada por esta tradición de privilegios particulares en lugar de derechos universales: el artículo 1 de la *Magna Charta* otorga libertades, «en primer lugar» a la iglesia inglesa; luego hace referencia «a todos los hombres libres de nuestro reino», mas no menciona a las mujeres, niños y no libres, ni tampoco a los extranjeros. La *Magna Charta* es una carta de libertades con la que la iglesia y la nobleza inglesas limitan, frente a sus propios privilegios, los derechos soberanos del rey.

Con ello llegamos, sin embargo, a una dificultad adicional aún más grave: se afirma respecto a ciertos intereses antropológicos o relativamente transcendentales que se tiene un derecho subjetivo a su reconocimiento. Intereses innatos, si es que se pueden encontrar, sólo hacen inteligible la primera parte del concepto de derechos humanos; la otra mitad queda sin explicar: la existencia de un derecho subjetivo, de una exigencia.

De exigencia se puede hablar únicamente allí donde haya otro obligado a satisfacerla. Por ello, todo el que trate de legitimar derechos también tendrá que justificar los correspondientes deberes. En oposición a una tendencia política a exigir derechos sin incluir los correspondientes deberes, quien hable de derechos humanos habrá de legitimar también los correlativos deberes humanos. En este contexto habrá que poner énfasis en dos momentos: por un lado, los derechos no se dan en un sentido absoluto; el derecho a la vida no significa el derecho o bien a no morir nunca –¿de quién se podría exigir un derecho tal?– o bien sólo en edad avanzada, cuando ya se está, como se cuenta de Abraham en la Biblia, «harto de la vida». Más importante es el otro momento, el hecho de que ese derecho sólo relativo, pero no condicionado, va dirigido a los congéneres, exigiendo de ellos, y de cada uno sin excepción, una aportación que como mínimo significa: no ejercer la violencia.

En este lugar, un discurso intercultural espera que se le haga una objeción. Concretamente del lado africano: al tratarse de derechos humanos se presta especial atención a los derechos de libertad, achacándoles a éstos privilegiar la imagen individualista que en Occidente se tiene de la persona. Contra esta objeción habla el hecho de que la integridad del cuerpo y de la vida pertenece al ámbito de los derehos de libertad y, sin embargo, está ligada a una prestación de los congéneres. Incluso en la base de los derechos de libertad tenemos una antropología social, por cuyo motivo vienen a ser tanto culturalmente neutrales, como tradicionales en el sentido antropológico. Lo que ya no es tradicional y eventualmente discutible desde una perspectiva intercultural, es sólo la modalidad concreta.

Aristóteles fundamenta su famosa definición de la persona como ser viviente político por naturaleza (*physei politikon zōon*) con aquella cambinación de dos argumentos, la ventaja recíproca y ciertos impulsos sociales desde donde –a través de los niveles: casa, familia o pueblo– surge luego la *polis*. (Sobre la interpretación véase Höffe 1999, capítulo 15.) La antropología de los derechos humanos no cuestiona los impulsos sociales señalados por Aristóteles, la sexualidad y el impulso a la cooperación económica, ni tampoco la ventaja que suponen las unidades sociales más amplias. Pero sí ensancha la visión y descubre una complicación: la razón de la revolución copernicana en la antropología no radica en una nueva imagen de la persona, sino en una mayor conciencia de la problemática, algo que, en sentido neutral, podemos calificar de progreso.

La consecuencia de esta complicación: lo que hasta ahora se designaba simplemente como «ente social» recibe el calificativo de *positivo*. Junto a la ayuda y complemento recíprocos, o sea, la cooperación, aparece ahora, como aditamento *negativo*, la amenaza recíproca. La persona es, a la vez, vulnerable y capaz de violencia, victimario potencial y potencial víctima. En estas circunstancias, un discurso jurídico intercultural pone especial atención en el concepto de «autor del hecho». Una comprensión demasiado estrecha apoyaría una interpretación liberalista en contra de la cual las otras culturas defenderían una mayor tradición jurídica social. Pero el concepto de «autor» se ha de entender en un sentido amplio. El «autor» es el sujeto capaz de acción, un sujeto que puede amenazar con la violencia a sus semejantes: violencia abierta o velada, o bien por omisión, al negarse a prestar un auxilio de importancia vital. Como quiera que, en último término, la capacidad de violencia se puede demostrar biológicamente –la piel es vulnerable, las manos son capaces de herir– no se puede hablar aquí de que haya detrás una imagen de persona dependiente de una cultura determinada. Igualmente válida y neutral en sentido cultural es la convicción de que la capacidad de violencia no amenaza únicamente las condiciones de realización plena de la existencia humana, sino incluso las mismas condiciones iniciales. La prueba más simple de su validez intercultural: todos los ordenamientos jurídicos preveen delitos contra el cuerpo y la vida.

La antropología centrada en el individuo «víctima y victimario a la vez» nos recuerda un dicho de Hobbes –*homo homini lupus*– y se ve expuesta al igual que éste al reproche de construirse sobre una imagen unilateral y pesimista del ser humano. Para la idea fundamental de los derechos humanos, este reproche carece de fundamento. Modesta una vez más, la antropología social negativa no es declarada como la única válida, sino aplicada sólo en cuanto antropología parcial. No cabe duda de que es erróneo afirmar que el ser humano sea únicamente lobo para sus semejantes; pero que también puede ser agresivo y amenazar el cuerpo y la vida, tampoco lo negará quien siga los argumentos del adversario de Hobbes, de Rousseau con su segundo discurso, de Adam Smith y Hutchenson o, en la actualidad, de Lévinas (1974) y Spaemann (1989, parte II). La amenaza existencial existe también aun cuando se admita en el ser humano una «*impulsion intérieure de la commisération*», una compasión natural con el sufrimiento de otros (*Discours sur l'inégalité*, Préface). La violencia contra sus semejantes, una veces directa, otras, indirecta, no es un rasgo esencial del ser humano, pero sí un peligro que no se puede excluir. Una antropología de los derechos humansos enfatiza este peligro, la realidad universal de la capacidad de violencia del ser humano, pero se abstiene de cualquier tipo de juicio. Sin comprometerse con apreciaciones positivas o negativas constata sencillamente un hecho antropológico.

Por su parte, también la naturaleza social del ser humano constituye un hecho antropológico. La prueba más evidente: sin la unión entre hombre y mujer y sin el cuidado de los niños no podría continuar la vida humana. Sin embargo, el que en los derechos humanos sea privilegiado el hecho anterior tiene una sencilla razón: cuando las relaciones sociales únicamente consisten en la ayuda mutua, y cuando esta ayuda se presta de manera siempre espontánea y, además, segura, es decir, cuando actúa única y permanentemente la naturaleza social positiva, los derechos humanos pierden la base de su razón de ser. Así pues, el que los derechos humanos se apoyen en una antropología social negativa no resulta de una imagen pesimista del ser humano, eventualmente debida a desarrollos específicamente occidentales, por ejemplo a la traumática experiencia de las guerras civiles (confesionales) y, adicionalmente, quizás a las experiencias con el capitalismo temprano; la antropología social negativa conserva más bien el peso de una antropología parcial que enfatiza las condiciones de aplicación para los derechos humanos a partir de la *conditio humana*.

Dado que el peligro de conflicto forma parte de la *conditio humana*, resulta que ya no se puede seguir la tradición aristotélica y entender las instituciones sociales sobre todo a partir del desarrollo natural de impulsos sociales previos. (Aunque también encontramos pasajes del Estagirita donde se hace alusión a la naturaleza conflictiva del ser humano, véase *Política* I 2,1253a 6s. y a 27-29.) Ahora se precisa un aporte propio mayor: pese a que el individuo es un ser social «por naturaleza», tiene sin embargo que producirse a sí mismo como ser social actual. La sociedad nace sólo desde el reconocimiento recíproco. De esta tarea, los derechos humanos enfatizan una pequeña parte bien definida: la capa elemental de intereses innatos. Antes de ocuparse de las posibilidades de autorealización, habrá que cuidar de establecer las condiciones básicas de la existencia humana.

La circunstancia de que estén en juego tales condiciones fundamentales, hace comprensible la gravedad existencial que se esconde tras la idea de los derechos humanos. Pero no explica la característica pasión que acompaña a la protesta contra violaciones de los derechos humanos: un patetismo que no es producto de la frustración o el desprecio, sino de la indignación. Esta reacción está justificada por no tratarse sólo de intereses innatos, sino también de intereses cuyo reconocimiento tiene el carácter de una exigencia. Generalmente se ignora este punto: que entre un dato antropológico –la amenaza de intereses innatos– y una tarea de índole jurídico-moral, existe una diferencia conceptual. Quien pasa por alto tal diferencia trata de dar un salto legitimatorio, pero con él sólo deja abierta la pregunta: ¿cómo puedo exigir de los demás que reconozcan los intereses que para mi son irrenunciables?

El camino muestra la correlación de derechos y deberes; y aquí la idea decisiva tiene validez general, no sólo en el caso de intereses innatos. Existe un derecho a que se reconozca una prestación allí donde ésta no es simplemente aportada, sino realizada sólo con una salvedad: bajo condición de que siga la contraprestación correspondiente. Como los derechos humanos constituyen una exigencia, no significan una especie de regalo que se puede ofrecer o bien recíprocamente o bien –por simpatía, compasión o petición– unilateralmente. Más bien se trata de un don que se otorga sólo bajo la condición de que se le corresponda. Los derechos humanos se legitiman a partir de una reciprocidad; *pars pro toto*: a partir de un intercambio. Y entonces contrae un *deber* humano quien realmente acepta de los otros prestaciones que se producen únicamente bajo la condición de la contraprestación. A la inversa posee ese *derecho* humano sólo en la medida en que él aporta realmente aquella prestación que es producto de la condición de contraprestación. (Este argumento lo echamos en falta en Gewirth 1978, 63, por lo que, y no sin razón, lo critica MacIntyre, [2]1985, 66s.).

Esta situación se da allí donde un interés irrenunciable se puede realizar sólo en y por reciprocidad. Cuando el momento transcendental se une a un momento social, en una reciprocidad innata o socialidad inherente, ya no se es libre de elegir. Cuando los intereses son irrenunciables y, además, están ligados a la reciprocidad, entonces se pasa de lo irrenunciable a lo recíproco; se hace absolutamente necesario el correspondiente intercambio.

El elemento moral presente en este modelo de legitimación llama la atención por su notoria falta de pretensiones. La estrategia de la modestia, ya aplicada en el lado descriptivo, en la antropología, se halla de nuevo en el momento normativo; y, sin esta doble modestia, la legitimación no sería posible. En la base de los derechos humanos tenemos una moral que ofrece dos ventajas. Ésta no sólo pertenece a la moral de lo debido, a la moral jurídica o justicia; también está lejos de las controversias tan usuales en la ética, una vez que se contenta con una ética de la reciprocidad o justicia del trueque. Los derechos humanos no existen por el hecho de que uno da y otro toma, sino porque hay un dar y un tomar recíprocos y, además, entre la donación y la retribución existe un equilibrio aproximado. En sentido moral, los derechos humanos se basan en una moral que hallamos en culturas muy diferentes: en el confucianismo (*Lunyu* 15.24; véase Roetz 1995, 69-79); en la antigua Grecia, en Anaximandro (Diels/Kranz [6]1951, 12 B I); en el hinduismo, en el *Mahabharata*, la epopeya nacional india (XIII, verso 5571ss.); en el Antiguo Testamento

(*Tobías* 4, 16) y en el Nuevo Testamento (*Mateo* 7, 12; *Lucas* 6, 31). Es la moral de la «regla de oro» (véase también Dihle 1962) o de la reciprocidad que sin duda juega un papel en todas las culturas, si bien su importancia es en cada una de ellas diferente (véase Rippe 1993, 160 y 172). (Sobre el tema general véase Mauss 1923, 24; Lévi-Strauss 1949 y Axelrod 1984; enfoques sobre la teoría del intercambio hallamos también en Gauthier 1986, aunque aquí sin reflexiones antropológicas y transcendentales; mi propia exposición desarrolla ideas ya expuestas en Höffe 1987, especialmente el capítulo 12; 1992 y 1994.)

Debido al elemento moral, la legitimación tiene una estructura doble: antropología más ética. Aquí, el componete ético prácticamente no presenta problemas. Como los derechos humanos repercuten en beneficio de cada uno, para su reconocimiento basta con reflexionar sobre sus ventajas. En este sentido tienen el carácter de reglas de prudencia, no exigiendo una moral que vaya más allá. De exigencias normales de prudencia se distinguen sin embargo por una propiedad que la retórica de los derechos humanos califica de «innata», es decir, por el hecho de no poder ser sustituidos. Como los preceptos de prudencia ya existen previamente y, en lugar de ser relativizables, tienen validez absoluta, a lo que se añade que sólo son realizables en reciprocidad, cada uno tiene que someterse al intercambio correspondiente. Con ello se confirma aquella correlación entre derechos irrenunciables y obligaciones, igualmente irrenunciables, que constituyen los derechos y deberes humanos. Así pues, los derechos humanos presentan bajo todo punto de vista problemas jurídico-morales, pero las mayores dificultades se desprenden de la cuestión antropológica:

¿dónde existen para el ser humano intereses tanto subs-tanciales como irrenunciables, que sólo sean realizables en y a través de la reciprocidad?

Normalmente se asocia a la reciprocidad la idea positiva de un simple dar y tomar, la idea de coopera-ción. Pero no cabe duda de que también existe la forma negativa, la ya mencionada amenaza recíproca. Esta constituye el fundamento antropológico de importan-tes derechos de libertad; los derechos al cuerpo y a la vida, a la propiedad, a la buena reputación, a la libertad de religión, etc., se pueden reconstruir como un inter-cambio que cada ser humano practica no con unos cuantos sino con todos sus congéneres. La propia capa-cidad de ser autor de violencia se trueca por el interés de no ser víctima de la violencia ajena. Característico de este intercambio es el hecho de que el propio interés sólo se puede realizar a través de una prestación negati-va que aportan los demás. Con ello volvemos a encon-trar la diferencia con la filosofía social tradicional: el interés propio se puede realizar sólo gracias a una pres-tación negativa de los demás –de todos los demás–: a la renuncia universal a la violencia.

Aunque el intercambio es directamente sólo negati-vo, también tiene en cuanto tal y no sólo consecutiva-mente, un significado positivo; de otra suerte no habría razón para establecer tal canje. Si se reconocen los debe-res correspondientes y cada uno renuncia a la violencia contra sus semejantes, es entonces –y sólo entonces– cuando se otorgan los derechos correspondientes. El in-terés por el cuerpo y la vida, por ejemplo, resulta de la recíproca renuncia a matar. Al contrario de Hobbes no se afirma aquí que la vida sea el bien absolutamente su-premo. Puesto que hay seres humanos que se juegan la vida: unas veces, trivialmente, por conducir de manera imprudente; otras, no tan trivialmente, por estar dispuestos a sacrificar su vida en aras de un ideal político, cultural o religioso. Por otro lado, no hay duda de que la vida tiene verdaderamente un rango especial, pero éste ha de ser interpretado de modo distinto. Aunque no existe un interés sobresaliente, que predomine sobre todos los demás, sí existe uno de nivel lógicamente superior, relativamente transcendental. Sea de manera consciente o inconsciente, también alguien que no esté especialmente apegado a la vida, tiene un interés en ella por el hecho de que, en caso contrario, no podría aspirar ni a apetecer algo ni a satisfacer sus anhelos. Independientemente de lo que éste persiga o evite substancialmente y, por ende, como condición de la capacidad de acción, la vida constituye el requisito para sus apetencias orientadas a la acción. La vida es una condición necesaria para la capacidad de acción, una *condition of agency*. Y es aquí donde aflora el significado singular de un interés transcendental y del derecho humano que le corresponde: independientemente de lo que se apetezca *in concreto* y de lo que se emprenda para realizar esa apetencia, la persona precisa para ello, en cuanto ser animado, del cuerpo y de la vida.

A partir de esta interpretación nueva, transcendental, se pueden entender fenómenos tales como el martirio o el tedio de la vida –y también una vida «a la ligera»–, como opciones respetables y no sencillamente irracionales (en contra, Schmid 1995). Aunque la sobrevivencia no se considera aquí como el bien supremo, sí se quiere tomar por sí mismo la decisión sobre un bien superior, con lo que, pese a todo, se demuestra ya un interés por la vida. Mientras que uno quiere decidir por sí mismo si está cansado de vivir y, eventualmente, cuándo, otro quiere decidir por sí mismo para qué y por qué sacrifica su vida: por fidelidad a sus convicciones religiosas o políticas, y no para morir, por ejemplo, a manos de un bandido.

El derecho natural de la Ilustración se remitió al principio de conservación; pero el principio de la capacidad de acción demuestra ser más convincente por ser más formal y, en consecuencia, más exento de requisitos. Aunque para los derechos humanos lo decisivo no es naturalmente la capacidad de acción *sans phrase*, sino sólo en aquella dimensión ligada a la reciprocidad: la capacidad de acción en su perspectiva social.

En la teoría crítica se buscaron primero intereses susceptibles de verdad y, más tarde, susceptibles de consenso. Bajo el eslogan del «super-nosotros», Marquard (1986) ha llamado la atención sobre graves dificultades; Acham (1989, 224) habla por su parte de una «exigencia de consenso» que se plantea continuamente a cada uno y que tiene como consecuencia «la uniformidad, o bien la mala conciencia y una mentalidad colectivista». Tal crítica sólo se justifica allí donde no se identifica a los intereses como de nivel lógicamente superior. En los intereses transcendentales se requiere una universalidad y, por ende, una capacidad consensual que ya encierra en sí la antinomia a la uniformidad. Como transcendental se ha de considerar aquello que ya se afirma implícitamente y, en ese sentido, ya siempre se quiere cuando se desea algo; transcendentales se llaman también las condiciones para poder, en general, tener y perseguir intereses corrientes.

Según el liberalismo clásico, cada uno es quien mejor debe conocer sus intereses; desde Nietzsche y Freud, esta opinión es sin embargo tachada de ingenua. También el concepto ha sido eximido de la controversia con ello apuntada: dentro de los intereses elementales se llama transcendentales a una capa de ellos que poseemos independientemente de nuestro modo de obrar y puntos de vista, también de si se es hombre o mujer o de si nos confesamos cristianos, mahometanos, agnósticos o ateos. El carácter singular consiste en que no se quiere ser nada más que lo siguiente: un ser capaz de acción. Según Rorty (1988, 28) la idea de que «la pertinencia a nuestra especie biológica conlleva determinados derechos» representa una suerte de «consuelo metafísico» al que renuncia el pragmático. La legitimación precedente muestra, por un lado, que la pertinencia por sí sola no fundamenta ningún derecho, sino sólo la combinación de argumentos antropológicos y éticos y, por otro, que no sólo el pragmático sino también el teórico de los derechos humanos puede renunciar al consuelo metafísico.

5. Cuestiones adicionales

1. En cuanto ser animado, la persona no sólo necesita la integridad de cuerpo y vida, sino también aquellos medios para satisfacer necesidades elementales físicas –por ejemplo: alimentación, vestido, vivienda– que sirven para la conservación de la vida. Además, como no es únicamente un ser animado, existen para ella condiciones iniciales que van más allá de las meramente corporales y vitales. Al pertenecer al concepto de la

acción la premeditación y la voluntariedad, los requerimientos para ellas ya están incluidos entre las condiciones para la capacidad de acción. Aquí tiene también un rango transcendental la capacidad de lengua y de pensar. Dentro de los derechos humanos es éste también el lugar para derechos de libertad tales como el de libertad de opinión y de ciencia. Lo correspondiente es válido para las relaciones sociales positivas: sin las correspondientes condiciones de cooperación, el ser humano no se hace ser humano. Una gran parte de los derechos humanos se puede justificar exactamente a partir de estos tres grupos de intereses transcendentales: de la persona en cuanto ser animado; en cuanto dotada de lengua y razón, y en cuanto ser llamado a la cooperación.

Teóricos del discurso como Kettner (1997) plantean la cuestión de la prioridad y afirman que «el interés transcendental en comprenderse» es «más fundamental que el interés por el cuerpo y la vida». Frente a estas afirmaciones sobre prioridades se recomienda un buen grado de escepticismo, puesto que las tres dimensiones antes mencionadas –cuerpo y vida; la disposición para la capacidad lingüística y social, y la disposición para la capacidad social– pertenecen a la existencia humana elemental sin que ninguna de las tres pudiera estar incluida en una de las otras. Supuesto que no se tenga ningún concepto excesivamente exigente de la comprensión, ni siquiera se puede afirmar que ésta sea únicamente algo específico de la humanidad. Finalmente, un mero interés (por la comprensión) no conlleva ya en sí la fuerza justificativa, como afirma Kettner, puesto que falta el elemento genuinamente legitimatorio.

En los útimos decenios, el debate sobre los derechos humanos se ha hecho sensible a nuevas cuestiones: el significado de la identidad, tanto la personal como la social y la cultural; los requerimientos económicos de la existencia humana; y, no en último lugar, las condiciones ecológicas. También aquí existen intereses transcendentales y se da la circunstancia de que su realización sólo es posible en reciprocidad. No podemos analizar aquí estas cuestiones en detalle, pero sí podemos constatar dos cosas: por un lado, que la idea de los derechos humanos es más substancial que el canon liberalista «clásico»; y, por otro, que debido a la diversidad y a la independencia parcial de los intereses transcendentales, se pueden producir conflictos.

2. Dentro de los derechos humanos se han de distinguir al menos tres estratos. Como derechos humanos *tout court* se puede designar a aquellos derechos que son actuales para toda persona en cualquier etapa de su vida; por el contrario, existen derechos referidos a determinadas fases (de la vida) que, como en el caso de los derechos de los niños o de personas ancianas, sólo son actuales en la correspondiente fase vital. Naturalmente que las reclamaciones resultantes de los correpondientes derechos no pueden ser formuladas por los afectados ante cualquiera: así, por ejemplo, el amor al prójimo exige socorrer a cada niño menesteroso; pero el derecho a ser socorrido no puede reclamarlo el niño a cada adulto, aunque sí a sus padres y a las demás personas responsables de él.

Finalmente, entre los derechos humanos, pese a constituir éstos una institución jurídica independiente de toda cultura, existen paradójicamnete también derechos culturalmente dependientes. Aquí se debe aclarar que lo culturalmente dependiente no es la fundamentación de su legitimación, sino su conformación específica.

Dentro de una cultura cuya conciencia de comunidad se halla tan desarrollada como en Africa, podría constituir una contravención de los derechos humanos algo que en Occidente está considerado como legítimo por la moral jurídica: penalizar a alguien aislándolo durante años en una cárcel. O bien, allí donde la gran familia está considerada como algo sagrado, contraviene los derechos humanos aquel que envía a sus padres de edad muy avanzada a una residencia de ancianos. Y podemos añadir un tercer ejemplo de contravención culturalmente específica, ahora tomado del ámbito político: cuando un gobierno colonial –como se han dado casos en África– impone la institución del cacique a tribus hasta entonces acéfalas.

Bajo determinadas condiciones es incluso posible que el derecho se convierta en algo injusto. Una forma de vida como la poligamia que, debido a la igualdad de derechos de hombre y mujer, tendría que estar absolutamente prohibida según la visión europea, bien podría tener un puesto legítimo en el marco de una ética de la solidaridad familiar. Incluso un teólogo católico, Bénézet Bujo (1989, 600), no se cierra a los argumentos que, para la cultura africana, son de importancia fundamental: que gracias a la poligamia se impide el divorcio y la despedida de la primera mujer, o que así son más valoradas aquellas mujeres que en caso contrario quedarían solteras, algo difícilmente concebible para una mujer africana.

Tales ejemplos muestran lo que significa tomar en serio el discurso intercultural. De hecho podemos exigir de otras culturas la idea fundamental de los derechos humanos; pero, naturalmente, no más que la idea básica de la inviolabilidad de cada persona que se ha de otorgar recíprocamente. Y exactamente por ello, por quedar para la conformación concreta un alto grado de libertad, los derechos humanos adquieren la fuerza para una visión: la visión de una humanidad que, por una parte, reconoce por doquier las mismas condiciones elementales y, por otra, no se deja dominar por una única cultura, es decir la cultura europeo-americana. Los derechos humanos permiten a la humanidad una identidad en la diversidad.

3. Dado que, en consonancia con el principio del intercambio transcendental, los derechos humanos benefician a cada uno, éstos deberían imponerse por sí solos, sin intervención de poderes públicos. En este caso, la legitimación de los derechos humanos podría renunciar a una diferenciación en dos niveles –la de los derechos humanos mismos y la de su positivación– y, en su lugar, contentarse con el primer nivel. En contra de ello hay una tarea que incumbe sobre todo al legislador: a fin de que los derechos humanos cumplan su objetivo y definan derechos inviolables, han de ser más exactamente delimitados; aparte de que incluso las definiciones precisas permiten interpretaciones opuestas sobre las que ha de fallar, en última instancia, un poder público, un ente judicial; y, por último, nos encontramos con una complicación adicional: incluso en el caso de renuncias a la libertad, ventajosas para todos, es concebible una ventaja aún mayor, la renuncia unilateral a la libertad, naturalmente por parte de los otros. En esta posibilidad sale a relucir nuevamente una antropología social negativa. Sobre todo allí donde las ventajas se producen temporalmente en una fase posterior, puede ocurrir como cuando se viaja sin billete, que alguien se aprovecha de las ventajas sin necesidad de pagar por ello. En

este caso, y por tercera vez, los poderes públicos están llamados a intervenir como fuerza de imposición, como la «espada de la justicia», contra este peligro de abuso parasitario de una ventaja general. Además, para impedir este parasitismo en los dominios comunes a toda la humanidad, para proteger su medio ambiente, esta «espada» no se debe blandir sólo dentro de los límites de un Estado.

Así pués, al menos tres razones hablan a favor de la diferenciación. Como consecuencia, si ahora la consideradamos desde la institución de los derechos humanos, la idea aristotélica de una naturaleza política del ser humano evoluciona hacia dos naturalezas parciales: una jurídica y otra política. La persona es un ser que, por un lado, precisa de derechos elementales y de los deberes correlativos y, por otro, de que éstos sean fijados y realizados a través de poderes públicos. Y, aquí, sobre la segunda tarea recae una importancia sólo subsidiaria respecto a la primera. Una tarea que, por lo demás, nos es familiar desde hace tiempo. Basten para demostrarlo dos ejemplos que, dado el interés por el discurso intercultural, no hemos tomado de la tradición occidental: el protocolo hitita exigía que el tratamiento de los reyes fuera el de «Mi Sol»; y en la divinidad del sol se veneraba la protección de la justicia, algo que no está muy lejos de la idea de los derechos humanos (véase Hofner 1987, 409). El rey detentaba su poder, si no exclusiva sí esencialmente, con la finalidad de procurar derecho y justicia. De modo similar, en el islam, el sultán tiene la misión en cuanto soberano de llevar la justicia hasta «abajo» a los prácticamente impotentes, a los pobres y huérfanos.

Dado que la primacía corresponde a la justicia o a los derechos humanos, el «desencantamiento del Estado» discutido en las actuales ciencias políticas (Willke 1983; Colliot-Télène 1992) comienza históricamente mucho antes; y aquí se trata, desde la teoría legitimatoria, de algo más que de sólo la pérdida de poder del Estado soberano a favor de un sistema político. Por otro lado, a este desencantamiento se le han puesto claros límites. Como explicamos en otro lugar, su despotenciación no basta para hacer desaparecer a un Estado (véase Höffe 1998, capítulo 8).

Sin que lo hayan detectado los respectivos sociólogos, la tesis de la despotenciación recuerda una crítica a la tesis hegeliana de que el Estado es «la realidad de la idea moral» (*Rechtsphilosophie*, § 257). Desde la perspectiva de los derechos humanos, esta tesis merece una rehabilitación toda vez que, bajo las condiciones correspondientes, el Estado contribuye realmente a que la moral se haga realidad. Pero esta importancia la tiene sólo para una parte de la moral, para la moral jurídica. Para todo lo demás que también comprende la moral, para una vida plenamente realizada, el Estado sólo establece los requisitos y las condiciones marco, mientras que lo verdaderamente humano hay que buscarlo en otro lugar, y de diferentes maneras.

Volvamos a nuestro punto de partida, a las dificultades con los derechos humanos. Particularmente desde la tarea de un discurso jurídico intercultural, parecen contraproducentes los dos conceptos legitimatorios: el interés transcendental y el intercambio transcendental. El concepto de lo transcendental se debe concretamente a la Ilustración europea y, en este sentido, parecería enredarse en la trampa del etnocentrismo. ¿Tienen entonces razón los citados etnólogos fundamentales cuando ellos renuncian no sólo a una antropología sino también a todo tipo de pensamiento transcendental? El concepto de lo transcendental proviene ciertamente del pensamiento europeo, pero es precisamente este concepto el que cuida de que la convivencia humana no sea pensada y luego estructurada de manera específicamente europea («eurocéntrica»). La razón de esta situación paradójica: sólo en un estadio altamente evolucionado –generalmente se le da el nombre de Ilustración– las culturas son capaces de esa relativación de sus peculiaridades, sin lo cual no existiría una renuncia al pensamiento etnocéntrico. Puesto que el etnocentrismo no es algo característico de Europa sino más bien una actitud «natural» de cada cultura, esta actitud no puede ser superada sin la concurrencia de esfuerzos intelectuales y morales.

Como quiera que los etnólogos fundamentales a que hemos aludido elevan a la categoría de programa la relativización de todas las culturas, se podría esperar de ellos ciertamente la teoría óptima. Pero su mero relativismo pasa por alto la tarea de que la relativización de la propia forma cultural ha de ser algo más que una mera declaración de intenciones, a fin de cuentas privada. La autorrelativización ha de llevar a un respeto del otro y, adicionalmente, a la estabilización social de ese respeto, cuyo primer elemento está formado por los derechos humanos. La Ilustración está equipada para ello si inicia un proceso de autorreflexión y, más exactamente, de índole filosófica. Sólo entonces podrá llegar a concepciones que, pese a haber sido desarrolladas en Occidente ya no son occidentales «por su esencia»; ya no necesitarán atentar contra la autoestima de las otras culturas sino, por el contrario, podrán hacer posibles las dos dimensiones de la interculturalidad: el discurso intercultural y la misma coexistencia intercultural. Sólo una Ilustración ya no ligada a una región sino genuinamente filosófica, nacida de la autorreflexión de la razón humana general, genera conceptos que encierran en sí la citada diferencia entre universalidad y uniformidad; conceptos abiertos tanto a la diversidad cultural e individual, como a la igualdad de derechos del otro: los conceptos de interés transcendental e intercambio transcendental.

III

Una república mundial complementaria

Sobre un ordenamiento jurídico y de paz en la época de la globalización

1. Globalización cualificada

También los temas de la filosofía política tienen su época adecuada. Para la democracia marcada por los derechos humanos y la division de poderes, la democracia liberal, su *kairos* lo ofreció la época de las guerras civiles confesionales y el absolutismo que las siguió. Más tarde, la época de la industrialización y de la urbanización urgió a una ampliación del carácter social del Estado. A su vez, su marcha triunfal significa de nuevo un desafío adicional a la protección del medio ambiente. Y las dos últimas guerras mundiales vendrán luego a exigir un ordenamiento de la paz mundial. Ahora, el lema más reciente se llama globalización. Incluso el tema ya encomendado en los Tratados de Westfalia de 1648 –un ordenamiento internacional de la paz– se halla hoy bajo esta condición. Pero la globalización no se puede conformar con una paz a gran escala regional, sólo europea; esta paz habrá de ser establecida a nivel mundial. A la vez se precisa algo más que sólo un ordenamiento global de la paz: la actual globalización genera una necesidad de acción mucho mayor. Para dimensionarla antes de darle un perfil nuevo habrá que tratar la expresión «globalización» que entretanto se ha hecho bastante difusa. (Tampoco los dos meritorios tomos colectivos de Beck 1998 y 1998a se libran totalmente de aplicar una definición restringida de globalización.)

Primero: lo mismo si pensamos en la seguridad interna o externa, en la previsión de la existencia, en el bienestar económico o en la protección del medio ambiente: todas estas tareas superan en la actualidad los límites de los Estados, incluso de grupos de Estados. Por otro lado, nuevos actores ganan poder e influencia, por ejemplo empresas transnacionales, instituciones y organizaciones internacionales independientes de los gobiernos. No es que tales innovaciones arrinconen los lemas hasta ahora vigentes, la democracia liberal o su responsabilidad social y ecológica, lo que ocurre es que estos lemas adquieren una dimensión muy nueva.

El diagnóstico superlativista de que con la globalización «ha cambiado todo» (Cerny 1998, 264) ciertamente no es exacto. Incluso la afirmación de que el Estado particular va perdiendo cada vez más poder y que terminará siendo abolido, no parece indicada ni desde una perspectiva empírica ni tampoco normativa. (Para una discusión más detallada de esta cuestión y de otros temas, véase Höffe 1999a.) El actual desafío de la filosofía política, la globalización, significa por ello sólo un estado de cosas más modesto pero importante: el Estado particular experimenta una relativización frente a la posición que ocupaba desde la filosofía de Platón y Aristóteles hasta Hobbes y Hegel.

Segundo: cuando oyen hablar de globalización muchos piensan únicamente en transformaciones económicas. Si el diagnóstico que se oculta tras ello fuera correcto, entonces serían competentes sólo otras disciplinas, particularmente la economía y, como auxiliares, también el derecho de gentes y las ciencias políticas. Pero hay al menos dos razones para que se incluya aquí también a la filosofía política. Por un lado, la filosofía se ocupa en general de una condición que es la que, en definitiva, hace posible la globalización. Aparte de la Tierra común a todos los seres humanos y espacialmente limitada (con todos sus frutos y reservas naturales), esta condición es la capacidad de lengua y de razón igualmente común a todos. Esta capacidad permite a la persona orientarse en cualquier lugar y compartir comunicativamente el mismo mundo incluso con las personas más alejadas. Con razón decía ya el presocrático Demócrito que el ser humano, gracias a su razón, se encuentra en principio en casa en cualquier lugar: «Al humano sabio está abierto el mundo entero; el universo es la patria de toda buena persona» (Diels/Kranz 87B44). Por otro lado, como quiera que la filosofía, en última instancia, no se remite a nada distinto que a la capacidad común de lengua y de razón, ella genera rápidamente ya en sus albores una globalización: desde Asia Menor y, más tarde, desde Atenas, la filosofía se propaga por el mundo habitado, ya en una época en que ni siquiera se había pensado en la globalización de los mercados económicos y financieros. Y mucho antes de los ordenadores, en las casas cultas del mundo vemos en las estanterías las obras de Platón y Aristóteles, las de Descartes, Hume y Kant hasta llegar a Nietzsche, Heidegger y Wittgenstein.

Pero esta referencia es sólo aparentemente una alabanza a la filosofía; más importante es el hecho de que ella nos introduce en el núcleo del tema. Usualmente se habla, por cierto, de la globalización en singular y se piensa en desarrollos económicos que el crítico agudiza luego hablando de una «capitalización radical del mundo» (Altvater/Mahnkopf ²1997, 17). Pero en la base de la globalización en singular se encuentra aquel sofisma económico que aúna a dos enconados enemigos: a marxistas y a liberales ortodoxos, puesto que ambos no ven en el mundo nada –o casi nada– distinto a las fuerzas económicas. Sin embargo, de hecho, ni siquiera las transformaciones económicas se producen por causas exclusivamente económicas. Como se sabe, la globalización económica es producto tanto de decisiones políticas –piénsese, por ejemplo, en Bretton Woods, GATT y OECD– como de innovaciones técnicas que, a su vez, son de índole en parte pacífica y, en parte, militar. Existe además toda una profusión de fenómenos de globalización poco o nada económicos. El *segundo* perfilado exige ocuparse también de esta profusión que nosotros vamos a resumir en tres grupos de fenómenos. A través de ellos no se forma ninguna aldea mundial («global village»), aunque sí una sociedad mundial en tres dimensiones que una filosofía política habrá de tener en cuenta sin excepción.

En el primer grupo de fenómenos se acumula la grave amenaza al bienestar humano, la violencia que opera a escala mundial. De ella forman parte las armas capaces de alcanzar en un brevísimo intervalo de tiempo cualquier punto del planeta; la criminalidad internacional (narcotráfico al por mayor, trata de blancas, terrorismo); y, no en último lugar, los daños ecológicos que

222

no se detienen ante fronteras nacionales en desmedro de la propiedad de otros Estados. La comunidad de violencia también tiene un lado anamnésico: una «memoria mundial crítica» que no olvida los grandes actos violentos. Y si una memoria mundial justa no retiene los crímenes selectivamente, como ha sido el caso hasta ahora, sino a todos ellos sin excepción y de acuerdo a la condición mínima de toda justicia, a la imparcialidad, entonces contribuirá a prevenir contra futuros actos violentos.

Por suerte existe un segundo grupo de fenómenos que están al servicio del bienestar individual y también colectivo. La polifacética «comunidad de violencia» se completa con una –¡ojalá que más polifacética!– «comunidad de cooperación». A este grupo pertenecen no sólo el mundo de la economía y las finanzas; el mercado del trabajo; los sistemas de transporte y comunicaciones y el turismo. Un papel que no hay que subestimar lo juegan aquí también la filosofía y las ciencias –y no nos referimos exclusivamente a las ciencias naturales, a la medicina y a la técnica, sino también a las ciencias humanas–, así como grandes ámbitos de la cultura y, no en último lugar, el sistema escolar y universitario. Todos estos fenómenos hace tiempo que se han difundido por todo el mundo. A este segundo grupo pertenece también la democracia liberal ya que de ella emana una fuerte presión hacia la globalización: aunque las violaciones de los derechos humanos aún no son perseguidas en todo el mundo, sí son al menos objeto de una protesta mundial; y en algunos casos se hace el esfuerzo de una intervención humanitaria. (Sobre el caso del Kosovo véase R. Merkel 1999 con aportes de Habermas, Höffe, etc.) Aquí ya se va formando paulatinamente un foro público comunitario, un foro mundial.

Este foro mundial se ve fortalecido por un factor más de la globalización: la estructuración de un derecho internacional y el número creciente de organizaciones gubernamentales y no gubernamentales con competencias globales. Aunque estos neófitos actores –por ejemplo, el llamado Banco Mundial o Amnistía Internacional– no nos deben hacer olvidar a las organizaciones de más solera: las asociaciones deportivas internacionales y, sobre todo, las iglesias, mucho más antiguas.

Tampoco la comunidad global de cooperación ha de ser confundida con un círculo de amigos y camaradas. Muy al contrario: en todos estos ámbitos reina la competencia, cobrando especial importancia la lucha por los «emplazamientos» nacionales y regionales. A ello pertenece a su vez un manejo de elementos tales como las imposiciones fiscales y la densidad de ajustes; el nivel de la educación y formación; la infrastructura y el valor del tiempo libre.

La competencia no sólo estimula aquellas potencias de las que esperamos una riqueza colectiva, tales como el esfuerzo, el riesgo y la creatividad. También tiene costes consecutivos que, en parte, como el caso del paro, son internos a la economía y, en parte, caso de la contaminación ambiental, son de índole económica externa. Y con las consecuencias externas a la economía llegamos al tercer grupo de fenómenos, a esa comunidad de destino en sentido estricto que constituye la comunidad de necesidades y sufrimientos. Aquí se cuentan los grandes movimientos migratorios y de refugiados cuyas causas se han de buscar parcialmente en la religión, en la política o en la economía; las guerras civiles, en muchos lugares consecuencia (tardía) de la colonización y descolonización, aunque también respuesta eruptiva a la corrupción y a la mala administración; y, por último, las catástrofes naturales, el hambre, la pobreza y el subdesarrollo económico, incluidos el cultural y político.

2. Dos relativizaciones

Tampoco dentro de un dignóstico más amplio es indicada la globalización para ser considerada como el único signo de nuestra época. También existe el movimiento contrario, la autoconciencia de ciertas regiones y la formación de corporaciones terrritoriales, la fragmentación de alguna que otra megalópolis en grupos étnicos y culturales separados y, al menos en las jóvenes democracias, el fortalecimiento del espíritu nacional. Así y todo sigue existiendo la diversidad de las lenguas, costumbres y religiones. Por este motivo, cuando se habla de una aldea mundial se está respondiendo a un diagnóstico simplificador; y –por suerte– podemos escapar al peligro de una «inevitable estandarización» de nuestra vida (ya en Strindberg 1903/1916, 79). Aun cuando la humanidad evolucione hacia una comunidad global de destino, éste se irá realizando en muchos sentidos a nivel regional, comunal y totalmente individual.

El diagnóstico más preciso reconoce una segunda relativización, esta vez de índole histórica. Ella se opone al tan difundido aprecio excesivo que nuestra época tiene de sí misma, y a su miopía histórica: ya hace mucho que existen al menos precursores de la globalización, y una parte de ellos está ya tan desarrollada que bien se puede afirmar que la actual economía mundial en absoluto es única en su apertura. Podemos destacar tres épocas de globalización en la historia: la antigüedad; la temprana y «mediana» Edad Moderna; y la actual (en sentido lato).

Mucho antes de la Edad Moderna se fueron desarrollando vías comerciales internacionales, por ejemplo la ruta de la seda. Durante el helenismo surge una zona de comercio mundial con cotizaciones mundiales e incluso un centro de comercio internacional como Alejandría o la Seleucis mesopotámica. Aparte de ello se propagan determinadas religiones –budismo, judaísmo, cristianismo e islam– que por este motivo recibirán el calificativo de «mundiales». De estas religiones se derivan las rutas internacionales de peregrinación que conducen a los santos lugares: Jerusalén, La Meca, Santiago de Compostela. Y al lado de estas rutas de peregrinos se van desarrollando también una especie de «caminos literarios»: los cuentos y divertidas historias que leemos en el *Decamerone* de Bocaccio, por citar sólo un ejemplo, son como «mercancías a la deriva» de proveniencia internacional, de Oriente y de Occidente; en algunos casos se puede rastrear su origen hasta Persia o la India; y muchos temas reaparecerán luego en la novelística de casi todos los países europeos. Y, sobre todo, lo que más «se globaliza» son las formas de la razón natural: la filosofía, la ciencia, la medicina y la técnica.

Al segundo impulso de globalización, el que se produce en la temprana y «mediana» Edad Moderna, en la época de los descubrimientos, del subsiguiente colonialismo y de la Ilustración, preceden inventos que, en parte, como es el caso de la pólvora, son de índole militar pero que, en su gran mayoría –la brújula, el telescopio y la imprenta– son para usos civiles.

Algo similar vale también para la tercera globalización, la de nuestros días: aquí juegan un papel tanto inventos para usos pacíficos (la radiotécnica, los medios electrónicos, etc.) como para usos militares (primero el bombardero de largo trayecto, luego el misil intercontinental). A ello se añaden decisiones políticas tanto sobre la liberalización de los mercados de mercancías y de finanzas como sobre organizaciones y acuerdos internacionales.

El *tercer* perfil de un diagnóstico preciso de la globalización radica en esta doble relativización, de índole tanto objetiva como histórica.

3. Dos gotas de escepticismo

Para llegar a un diagnóstico aún más preciso hay que añadir, *en cuarto lugar*, dos gotas de escepticismo. Este concierne a la globalización económica (véase Hirst/Thompson 1998; críticamente Perraton 1998) y, una vez más, en oposición a una sobrevaloración del fenómeno.

La primera gota de escepticismo consiste en la convicción de que la actual globalización no es tan «actual»: mientras que se considera como fenómeno particularmente impresionante la internacionalización de los mercados de finanzas y divisas, para el historiador ello no es más que la reposición de algo ya conocido. En el período del clásico sistema monetario basado en el oro, en los años de 1887 a 1914, el comercio global entre los países desarrollados se movía más o menos al

227

mismo nivel que hoy. Es decir, aquí hemos regresado al *status quo* de aquella época más tarde interrumpida por la Primera Guerra Mundial, las crisis de los años treinta y la Segunda Guerra Mundial. El que las informaciones sean transmitidas por cable submarino o por satélite y electrónicamente, no cabe duda que puede ser una cuestión importante, pero no representa una diferencia tan enormemente decisiva para el comercio global. Y en lo que respecta a la política de paz (casi) se puede olvidar esta diferencia. Un ejemplo: en otros tiempos, el correo necesitaba aproximadamente un mes para llegar de Alemania a Madrid, de manera que había que esperar en total unos cuatro meses a las instrucciones provenientes de España; como consecuencia de ello, la paz que puso fin hace unos 350 años a uno de los mayores horrores jamás sufridos en Alemania, a la Guerra de los Treinta Años, se logró tras unos cuatro años de negociaciones; sin embargo, ni los aviones ni la transmisión electrónica de datos han acelerado la paz en el Oriente próximo o en la antigua Yugoslavia.

La segunda gota de escepticismo cae desde la convicción de que, incluso hoy, la globalización tiene lugar sólo en un sentido moderado. Considerado cuantitativamente, el comercio global tiene lugar sobre todo entre la Comunidad Europea, el Japón y los Estados Unidos de América. Y en estas tres unidades no corresponde a la exportación un portentaje desmesuradamente alto. Incluso la financiación de las empresas tiene lugar predominantemente «en casa»: dentro de la propia economía nacional. Tal vez en otros ámbitos sea mayor el intercambio; y, una vez más, la globalización de la ciencia y la cultura es al menos tan importante como la de la economía.

4. Dos visiones

Para la organización de su convivencia, la humanidad precisa sobre todo dos modelos básicos. Ambos desarrollan una fuerza visionaria: por un lado, las normas comunes y los poderes públicos reemplazan a la arbitrariedad y a la violencia privadas, y crean un ente común público de derecho. El que en lugar de la violencia hayan de reinar el derecho y la justicia, siempre y en todo lugar, y que con esa finalidad se hayan de instituir poderes públicos, son momentos incluso de rango jurídico-moral. Me estoy refiriendo tanto al imperativo jurídico universal como al imperativo político, de índole igualmente universal. Y puesto que la legitimación del elemento central del derecho y del Estado, el poder coactivo, sólo es posible en última instancia a partir de los afectados, este doble imperativo se amplía con un tercero: con un imperativo democrático universal (véase Höffe 1999a, capítulos 2-4).

Particularmente la forma desarrollada a partir de ahí, la democracia liberal, deja espacio al libre juego de fuerzas: tanto en los mercados económicos como en los políticos así como también, y no en último término, en los científicos y culturales. Aunque su «juego» es en realidad una dura competencia. De las potencias creativas liberadas por él, del riesgo y del esfuerzo, se espera sin embargo la gran riqueza: tanto de bienes y servicios como, por encima de ello, de ciencia, medicina y técnica, así como de música, literatura y arte. A la visión de paz y justicia se añade aquí la visión de un bienestar pluridimensional con miras a la realización de un viejo sueño de la humanidad. En consonancia con las palabras del profeta Isaías «que de sus espadas harán rejas de arado / y de sus lanzas, hoces» (2,4), la violencia física deberá ser transformada en fuerza económica y cultural; y allí donde impere la paz deberán reinar también el bienestar, y florecer las artes y las ciencias.

Si estos tres imperativos –el jurídico, el político y el democrático– son en verdad universalmente válidos, entonces no están dirigidos sólo a los entes públicos particulares sino también a las relaciones de éstos entre sí –de naturaleza jurídica internacional–, así como a las relaciones –de carácter cosmopolita– de los seres humanos a escala global. Al menos la siguiente pregunta es insoslayable: ¿no debería, en primer lugar, existir un ordenamiento jurídico y de la paz mundial en el que, en segundo lugar, por medio de la competencia económica, científica y cultural, florecieran las sociedades y, sobre todo, los individuos? Puesto que una sociedad no es un fin en sí, en último término quien cuenta es sólo el ser humano individual, aunque, naturalmente, no aislado.

Una filosofía del derecho y del Estado reconoce plenamente la segunda visión. Pero se opone a su absolutización, a una segunda especie de economicismo, a una suplantación de la política por el mercado que intenta, tanto para temas económicos como científicos y culturales, eliminar todo poder normativo no económico y reconocer únicamente la ley de la libre oferta y demanda. En algunas partes impera incluso un «fatalismo economicista» que reza como sigue: la economía decide tanto sobre los medios como sobre los fines. Puesto que con sus medios establece fines ante los que la política únicamente puede reaccionar, ésta, en lugar de ser una potencia creadora queda confinada a adaptarse.

Pero en realidad no se trata de un destino anónimo; la globalización tiene nombres, por ejemplo los tratados mencionados sobre la liberalización del mercado mundial. Y, al igual que el mercado interestatal fue sometido a condiciones marco, tampoco el mercado global excluye *a priori* un marco análogo. Es la política misma, desde luego no la nacional sino la internacional, la que, o bien se somete a las fuerzas del mercado o bien es capaz de dominarlas.

La sociedad mundial puede dejar muchas cosas abandonadas a sí mismas: a la competencia libre y a la evolución casual. Pero ya con la cuestión relativa a las condiciones marco para la competencia se genera una necesidad de acción para la que la sociedad mundial tiene que desarrollar un expreso poder constitutivo. De ahí la pregunta: si entre individuos y grupos debe imperar el derecho en lugar de la violencia; si, además, el derecho debe ser «organizado» democráticamente; y si, por último, esta triple obligación tiene incluso un rango jurídico-moral ¿no tendrá ella misma que regir más allá de los Estados y entre ellos? ¿No se precisa un ordenamiento jurídico mundial y, para él, una organización democrática, una democracia mundial comprometida a su vez con los derechos humanos y con la división de poderes? Según los tres grupos de fenómenos en la globalización antes expuestos, podría incluso estar solicitada para tres dimensiones: (1) en contra de la comunidad violenta global; (2) para el marco de la comunidad cooperativa global; y, tal vez, (3) para la comunidad de la necesidad y el sufrimiento. Tal respuesta a la época de la globalización –una democracia o república mundial– nos parece en todo caso obligatoria. Naturalmente que ella supone una ruptura tan radical con el presente que se imponen las objeciones. Vamos a ocuparnos de cinco de ellas.

5. Unidades intermedias, federalidad y subsidiaridad

La *primera objeción* la encontramos ya en el mismo Kant. Una república mundial –escribe en la *Rechtslehre* (§ 61)– es un monstruo que, por sus dimensiones y complejidad, no es gobernable. ¿Es realmente convincente esta objeción?

Para los habitantes de Liechtenstein con una población de 28.500 habitantes, Suiza, con seis millones y medio, es un gigante, y Estados Unidos, con 250 millones, un monstruo, por no hablar de la India con sus más de 850 millones, y menos de China con ya unos 1200 millones... Pero si un ente público como Estados Unidos es gobernable pese a todo –casi diez mil veces mayor que Liechtenstein, y casi cuarenta, que Suiza–, entonces puede que esta primera objeción tenga una cierta justificación, pero no es un argumento contundente en contra, en todo caso ninguno capaz de rematar la idea de la república mundial. En lugar de un veto absoluto encontramos sólo uno relativo y, a la vez, constructivo: la república mundial es algo permitido, incluso obligado –bajo el supuesto de que impida la ingobernabilidad sin degenerar en su sobrecompensación, en una excesiva burocratización o incluso en un Estado interventor.

Para la solución precisa se necesitan fantasía política y a la vez experiencia. Ambas insinúan el siguiente punto de vista constructivo: una república mundial no ha de atenerse al modelo de las Naciones Unidas, y reunir en su seno Estados gigantes como la India o China con enanos como Liechtenstein o las Bahamas. También puede intercalar en su marco unidades políticas de proporciones continentales o subcontinentales. Según el modelo de la Unión Europea se podrían tratar la gran mayoría de los problemas «en la casa propia» y dejar a cargo del ordenamiento global sólo los pocos restantes. A este principio fundamental podemos llamarlo: unidades intermedias macrorregionales.

Según una *segunda objeción*, una república mundial pone en juego uno de los grandes logros civilizatorios, los derechos humanos y los derechos del ciudadano, puesto que, hasta ahora, sólo el Estado particular ha logrado garantizar tales derechos.

En esta objeción no sólo es correcto el supuesto normativo, el compromiso con los derechos humanos y del ciudadano, sino también el enunciado empírico. Pero sólo es verdad en un tercio: no hay duda de que en Occidente, los derechos humanos y del ciudadano están protegidos sobre todo por los Estados particulares. (En Europa, adicionalmente, por la Convención Europea de Derechos Humanos.) Y todas las sociedades que reciben tal protección sólo de organizaciones internacionales pasan por experiencias realmente vergonzosas. El segundo tercio de verdad remite sin embargo al hecho de que los Estados occidentales supusieron primero una amenaza para estos derechos: Francia persiguió a los hugonotes; los Estados Unidos de América deben su fundación a la intolerancia religiosa británica; y esos mismos Estados Unidos permitieron la esclavitud hasta la segunda mitad del siglo XIX. Y el tercer tercio: allí donde los derechos humanos y del ciudadano ya están protegidos, sea dentro de un Estado sea a través de convenciones macrorregionales de derechos humanos según el modelo europeo, ahí no tendría por qué intervenir una república mundial. Pero en el caso de violaciones masivas de los derechos humanos, esta reserva podría ser indicada solamente en el caso de que la llamada intervención humanitaria causara mayores desgracias; una reserva que, sin embargo, no está justificada en principio. Igualmente, la humanidad es la llamada a actuar cuando se trata de crímenes contra ella; lo indicado parece ser aquí un Tribunal Mundial de lo Criminal. (Sobre la cuestión de un derecho penal intercultural véase parte I, y Höffe 1999b.)

De manera similar a la primera objeción, tampoco la segunda tiene la fuerza de un veto absoluto, pero sí la de uno constructivo: para la garantía primaria del derecho, los responsables son los Estados: por ello tienen el rango de Estados primarios. A la república mundial correspondería por el contrario el rango de un Estado secundario y, en el caso de niveles intermedios macrorregionales, únicamente de Estado terciario.

A ello podríamos llamarlo el principio fundamental de la subsidiariedad estatal mundial. Y tiene dos caras: por un lado, nuestra república mundial no puede ser decretada desde arriba, sino construida democráticamente, por los ciudadanos y por los Estados particulares. No es un Estado mundial central, sino federal, puesto que al menos por tres razones, metódicamente diferentes, los Estados siguen teniendo todavía hoy un rango especial: en las relaciones internacionales son *de facto* importantes; pese a su pérdida de poder como consecuencia de la globalización siguen representando a los actores internacionalmente decisivos, aparte de que, en el derecho internacional positivo, tienen un peso especial. Una gran parte de las organizaciones internacionales no sólo está constituida sino también apoyada y financiada por los Estados. También el desarrollo mismo del derecho de gentes se debe a acuerdos entre los Estados. Mientras que durante largo tiempo sólo consistía en un derecho consuetudinario internacional, el ordenamiento expreso del derecho a través de la comunidad de Estados ha crecido entretanto de manera considerable. Pero lo decisivo desde una perspectiva jurídico-moral es naturalmente sólo el tercer punto de vista: el hecho de que los Estados comprometidos con los derechos humanos y con la soberanía del pueblo, poseen una legitimidad jurídico-moral de la que carecen la mayor parte de los competidores, no sólo las empresas multinacionales o transnacionales, sino también las organizaciones no dependientes de los gobiernos. Y debido a esta legitimidad, los Estados no están llamados a disolverse, sino todo lo contrario: tienen un derecho jurídico-moral a continuar existiendo.

A partir de este derecho a seguir existiendo llegamos a la otra cara de la subsidiariedad estatal mundial: la república mundial federal es a la vez complementaria, no supletoria de los Estados particulares sino su complemento. Y a cargo de éstos quedarían entonces sólo unas pocas tareas restantes: las cuestiones relativas al derecho civil y penal, laboral y social, de las lenguas, religiones y cultura. Éstas y otras tareas estatales seguirían siendo en gran parte, no absolutamente, de la incumbencia de los Estados primarios. Decimos «en gran parte» porque, como consecuencia de las múltiples caras de la globalización, los Estados primarios han de colaborar con sus congéneres y les es preferible dejar determinadas competencias a cargo de la instancia superior, por ejemplo la coordinación de la lucha contra la delincuencia transnacional y la fijación de las condiciones generales del mercado mundial, concretamente de los criterios mínimos jurídico-cartelarios, sociales y ecológicos.

Por el contrario, la república mundial es competente, no sólo en sentido subsidiario sino incluso originario, para la paz entre los Estados y para su condición previa: el desarme, incluido su primer paso: la no proliferación de armas atómicas, biológicas y químicas. Además, también el Tribunal Mundial de lo Criminal quedaría bajo su responsabilidad.

A los principios del federalismo y de la subsidiariedad se añade el requerimiento a la previsión y circunspección. Y este requerimiento, el no poner en peligro el grado de democracia liberal ya logrado por Estados particulares y macrorregiones, no es meramente el resultado de la prudencia política. Como quiera que derecho y Estado se hallan al servicio de los derechos humanos y que la república mundial ha de ser instituida esencialmente por causa de estos derechos, entonces, en el caso de que ellos se vean amenazados, esta república perdería su propia legitimación. Por este motivo, aparte de la subsidiariedad, es conveniente un proceder paulatino, de modo que se puedan experimentar nuevas posibilidades, reunir experiencias y, sobre todo, desarrollar un requisito previo tan importante como sería una opinión pública política a nivel mundial. Como se sabe, Europa ya tiene sus problemas con la creación de una opinión pública y, en el caso de un Estado mundial, aún se presentarían más dificultades. Para la formación de una opinión pública mundial que funcione, no basta con indignarse por las violaciones de los derechos humanos en países lejanos o próximos. También tenemos que mantener en el interior de los Estados aquellos debates usuales que, en parte, preparan los debates y decisiones parlamentarios, en parte los acompañan y, en parte, los comentan posteriormente y, dado el caso, hacen que se proceda a enmiendas. Aquí se produce incluso una interdependencia: mientras no exista una opinión pública mundial que funcione más o menos bien, no es prudente la instauración de una república mundial, aunque tenga carácter complementario y federal; un ordenamiento jurídico global no puede surgir a ciegas o como resultado de un golpe de mano. Aquí podemos hablar del «principio de la fase transitoria».

Desde una perspectiva normativa, los tres principios tienen un significado diferente. Los principios del federalismo y de la subsidiariedad, por ejemplo, son válidos no sólo pragmáticamente: como una adaptación a la renitente realidad con la cual se mitigan las exigencias normativas de una república mundial políticamente homogénea. Al contrario: estos principios se oponen al globalismo político mundial (por ejemplo Beitz 1979) con su sofisma legitimatorio de homogeneidad política mundial, y precisan el ideal normativo. Una precisión que tiene la grata consecuencia secundaria de que este ideal normativo, una república mundial subsidiaria y federal, demuestra además ser perfectamente realizable. En la medida en que democracias cualificadas cumplen con el imperativo jurídico y político en su ámbito competencial, tienen un derecho doble: según el principio del federalismo, un derecho a la subsistencia; según el de la subsidiariedad, a la autorresponsabilidad. Las democracias particulares habrán de abrirse a una república mundial únicamente allí donde fracase su capacidad de proteger el derecho y la justicia. La república mundial hace del tercer principio, el de la fase transitoria, una «ley de permisión»: se permite aplazar un tanto la instauración de la república mundial, pero ésta ha de ser reconocida, ya ahora, como la meta final hacia la que se han de dirigir todos los esfuerzos.

Para la fase de transición se precisan, aparte del derecho internacional (véase Vitzthum 1997), las organizaciones internacionales. Puesto que en ellas recibe la cooperación internacional una cierta estructura y permanencia, lo cual ya crea un orden mundial con rudimentarios asomos de estatalidad.

La escuela realista de las ciencias políticas ve en las organizaciones y reglamentaciones internacionales, en las instituciones internacionales, sólo instrumentos de la diplomacia estatal: los Estados particulares luchan, unas veces juntos, y otras, las más, en contra, por un mayor influjo y por las reservas naturales. Pero, en realidad, las instituciones internacionales no son sólo plataforma de la lucha por el poder, sino también foro de la política interestatal. Por encima de ello tienen también un poder para tematizar los diversos asuntos, por lo que pueden llevar a la mesa de negociaciones a más de un Estado que al principio era reacio a participar. En casos afortunados ocurre también que se convierten en instancia de arbitraje, por ejemplo cuando determinados Estados se sirven de ellas por parecerles demasiado altos los «gastos» para dirimir militarmente los conflictos. En la misma dirección de un anticipo de la república mundial señala su importancia como instancias coordinadoras supraestatales: las instituciones internacionales ayudan a sus Estados miembros a articular intereses y –limitadamente– a imponerlos.

Sin embargo, sólo en pequeña medida desarrollan las organizaciones internacionales la principal tarea formal del poder público, la justicia en cuanto instancia imparcial. Lo que las grandes potencias intentan con su poder, lo hacen los pequeños Estados a base de su superioridad numérica: la conocida instrumentalización de la organización a favor de los propios intereses, algo que naturalmente está reñido con la neutralidad. (Sobre la teoría de instituciones internacionales véase Keohane 1984; Link 1998; Rittberger 1993).

6. Democratización y derecho a la diferencia

Según la *tercera objeción*, para la protección de los derechos humanos existe un medio más simple: la democratización de todos los Estados. De acuerdo a la tesis «paz global a través de democratización global», la política de la paz mundial podría contentarse con una política de democratización global que haría superflua nuestra república mundial.

De hecho, la democracia liberal ya protege los derechos humanos dentro de las fronteras del Estado. Pero al igual que la Comisión Europea de Derechos Humanos controla la protección jurídica a garantizar por los Estados particulares, también se recomienda, frente a las instancias macrorregionales de control, una comisión global de derechos humanos, sobre todo allí donde, por no haber sido practicada durante largo tiempo, la protección de los derechos humanos no se ha convertido en algo prácticamente natural. (Los Estados Unidos, por ejemplo, no hubieran logrado legalizar su pena de muerte en tiempos de paz.) Y sobre todo quedan los Estados mismos por proteger: en su integridad territorial y en su autodeterminación política.

Sobre el peligro correspondiente, la guerra ofensiva, la actual ciencia política se vale de la famosa tesis kantiana de que las democracias liberales –Kant habla de «repúblicas» (*La paz perpetua*, primer art. definitorio)– mostrarían poca tendencia a la guerra ofensiva. (Sobre el amplio debate acerca del carácter pacífico de las democracias véase Doyle 1983; Maôz/Russet 1993 y Singer/Small 1972). En Platón, en el primer nivel de su génesis de la *polis* (*Politeia* II 369-372), los ciudadanos son directamente pacíficos; la razón radica en la falta de *pleonexia*, en la falta de voluntad. Kant no supone sin embargo tal pacifismo genuino, sino que se remite al autointerés ilustrado. En la democracia «se exige la determinación [...] de los ciudadanos». Y éstos «como tendrían que dar su consentimiento a todas las calamidades que la guerra acarrearía sobre ellos, *verbi gratia:* combatir ellos mismos con la espada; pagar con sus bienes los gastos de la guerra; mejorar luego miserablemente la desolación que ésta deja a su paso [...]», apenas estarían dispuestos a iniciar «un juego tan macabro».

Independientemente del hecho de que la argumentación de Kant no sea totalmente concluyente (véase Höffe 2000, capítulo 11) –puesto que si lo decisivo es el autointerés ilustrado de los ciudadanos bien podrían producirse guerras por interés propio– la historia exhorta al escepticismo: la joven República francesa siembra la guerra por Europa y persigue con ella intereses hegemónicos, imperiales; la otra república algo más antigua, los Estados Unidos de Norteamérica, se expande hacia el oeste sin la menor consideración de los habitantes primitivos, aparte de que se anexiona Texas y se engulle, tras una guerra con México, tanto Arizona, Nevada y Utah, como California y Nuevo México; por su parte, tampoco Gran Bretaña se queda a la zaga en su desarrollo republicano: no permite que nadie le dificulte sus planes de potencia mundial, la expansión de la *Commonwealth*. Por ello, los politólogos han tenido que suavizar un tanto esta tesis. Según la nueva versión, las democracias no están inclinadas por principio a la paz, sino que, por un lado, lo están únicamente aquéllas que cumplen rigurosos requisitos adicionales y, por otro, tal inclinación a la paz sólo se da frente a otras democracias.

Pero incluso contra esta versión mitigada surgen reservas. Por una parte, las primeras democracias no cumplían con los requisitos que ahora se exigen a las actuales, echándose en falta en ellas, por ejemplo, la igualdad de los trabajadores y de la mujer y las resoluciones parlamentarias sobre la entrada en la guerra. Pero las guerras gozaban de un apoyo tan amplio por parte de la población que incluso las «democracias más democráticas» no hubieran tomado probablemente decisiones distintas. Por otro lado sigue válido el argumento antes aducido contra Kant, de que el autointerés ilustrado no siempre tiene que decidirse en contra de la guerra. En el caso de guerras que tienen lugar en países lejanos, los ciudadanos sienten menos las calamidades, y todavía menos cuando se trata de guerras contra un enemigo claramente inferior. Además, las guerras pueden desviar la atención de las dificultades políticas internas;

pueden presentarse también psicosis colectivas e incluso se pueden hacer pingües ganancias con las guerras, las de los otros. Por último, la inclinación a la paz podría incluso disminuir tan pronto como la mayoría de los Estados se hayan convertido en democracias. En cuestiones de política comercial o ecológica ya se perfila actualmente un potencial conflictivo que se amplía con la gravedad de los problemas económicos y sociales. Por lo demás, también existe toda una profusión de problemas jurídicos por debajo del nivel bélico. En consecuencia sigue siendo actual el imperativo jurídico y político universal, de nuevo como veto constructivo: la protección del derecho y de la paz que ya hace posible una democratización universal, queda a cargo de ésta. Pero, al igual que los individuos, también los Estados tienen un derecho a que eventuales conflictos no sean solucionados por la fuerza sino por el derecho. Así pues, hay necesidad de un ordenamiento jurídico universal, de una república mundial.

Según la *cuarta objeción*, un ordenamiento jurídico mundial estaría ya presuponiendo algo que en realidad todavía falta: un sentido de la justicia común a todos los seres humanos, una conciencia mundial del derecho. El que en Occidente existe una falta de sentido comunitario se puede demostrar con dos ejemplos: en el caso del derecho penal, con las diferencias en las pruebas admisibles ante los tribunales; en el civil, con el monto de las reclamaciones por daños y perjuicios que en Estados Unidos es de una a dos, y ocasionalmente hasta diez veces superior que en Europa. Diferencias aún más fuertes se muestran en la postura frente a la pena de muerte; en delitos como la apostasía, con el que se infringe masivamente el derecho humano a la libertad de conciencia y de religión; y además, en los castigos corporales aún permitidos en algunos Estados islámicos, o en el trato de los disidentes en Estados autocráticos como China, Cuba y Corea del Norte.

Pero todas estas diferencias no deben hacer olvidar que también existen puntos comunes esenciales: los preceptos de la igualdad y de la imparcialidad son principios globalmente reconocidos (aunque naturalmente no siempre practicados) en la aplicación del derecho, al igual que reglas procesales del tipo *«audiatur et altera pars»* (escúchese también a la otra parte) o la presunción de inocencia. Además, prácticamente todos los órdenes jurídicos reconocen como dignos de protección los mismos bienes jurídicos fundamentales: el cuerpo y la vida, la propiedad y el honor (véase al respecto Höffe 1999b); y también los acuerdos de las Naciones Unidas sobre derechos humanos confirman la existencia de muchos más puntos comunes. Lo «único» que falta es la disponibilidad a imponer de manera efectiva e imparcial todo este cuerpo de elementos comunes. Por este motivo, el veto constructivo falta sencillamente, casi banalmente: la conciencia mundial de la justicia aún necesita tiempo para desarrollarse, pero ya son notables los elementos comunes existentes. Así y todo, ellos ya han hecho posible el Tribunal Internacional de Justicia, el Tribunal Internacional del Mar y la Corte Mundial de lo Criminal.

Según la *quinta objeción*, la última a responder en este lugar, en la época de la globalización existe el peligro de que se produzca una nivelación –a la que habría que oponer enérgicamente un contrapunto: un fortalecimiento de las particularidades, de manera que se mantenga la riqueza social y cultural del mundo y, sobre todo, la identidad que ella confiere al ser humano individual inmerso en ella. Son los comunitaristas, tan famosos en los últimos años, los que se pronuncian a favor de «vallados útiles», es decir, por el aislamiento nacional en contra de la unidad global. Para MacIntyre (por ej. 1984) y Walzer (por ej. 1990) la unidad social suprema, en la que aún tienen sentido y significado conceptos político-morales como justicia y solidaridad, se da en el Estado particular. Y no cabe duda de que muchos Estados particulares viven de una historia común; tienen una determinada tradición, cultura y lengua o un plurilingüismo bien definido; también responden a concepciones comunes sobre un buen ente común, de manera que la disolución de estos Estados particulares supondría una pérdida de riqueza de la humanidad. Por encima de ello, se pone en peligro la identidad de aquella instancia que, a fin de cuentas, es la decisiva: la identidad del ser humano, individual pero no aislado. Puesto que a pesar de todo el individualismo o, tal vez incluso con esa finalidad, pertenecen los individuos a tales «comunidades». Además, éstas refuerzan una de las fuentes más importantes del altruismo humano, la solidaridad. Y sobre todo tienen el derecho a atenerse a su propia concepción del bien común; supuesto, todo hay que decirlo, que ella no esté reñida con las condiciones de la democracia liberal.

Debido a este derecho a la peculiaridad en el Estado particular –yo hablo del derecho a la diferencia (más detalles en Höffe 1999a, capítulos 4.4,6 y 10.1)– no debería haber ninguna república mundial que respondiera a las ideas de los globalistas, los enemigos declarados de los comunitaristas. Según sus convicciones, la república mundial vendría a ocupar el lugar de los Estados particulares. Un tal Estado mundial estaría en contradicción con el derecho a la diferencia: siguiendo el modelo de la antigua Roma, este imperio mundial degradaría a provincias los Estados particulares.

Este veto constructivo da aquí la razón a los comunitaristas, pero sólo en un tercio: las personas tienen el derecho a universalismos particulares, como serían la historia, la tradición y la religión, la lengua, la cultura y las ideas comunes sobre el bien. Y como quiera que esta diversidad multiplica su riqueza social y cultural, la humanidad tiene incluso un interés en que se haga valer decididamente el derecho a la diferencia. Pero, según el segundo tercio, los Estados particulares actualmente existentes no son un fin en sí mismo, merecedor de una protección a toda costa y sin compromisos: nada prohibe que las personas transformen, por sí y para sí, aquellas unidades que existen únicamente a causa de ellas; unidades que pueden disolverse, formarse de nuevo y, en tales procesos, convertirse en unidades más pequeñas, pero también en otras mucho más grandes.

Y, según el tercer tercio, ni Estados ni ciudadanos foráneos estarían en la república mundial dispensados del imperativo jurídico y político universal. El principio pertinente radica en el ya mencionado federalismo: la única república mundial moralmente legítima, sería una unidad federal.

Hay tres estrategias para legitimar democráticamente la república mundial. Según la legitimación (exclusiva) por parte de los ciudadanos, el Estado mundial emana de la voluntad de un pueblo global que abarca toda la población del mundo. Como quiera que los individuos constituyen la última instancia legitimatoria, bien se podría considerar esta estrategia como adecuada.

Puesto que los intereses de Estados son legitimados por los de sus ciudadanos –recordando la navaja barbera de Guillermo de Ockham–, se podrían eliminar los Estados particulares como instancias adicionales de legitimación. Pero en contra estaría el derecho al Estado individual, así como la circunstancia de que los intereses de los colectivos no se dejan reducir a la suma de los intereses de sus miembros.

Por ello se insinúa la segunda estrategia: dado que los Estados particulares representan tanto los intereses distributivos de los ciudadanos individuales como también los intereses colectivos de las comunidades de ciudadanos, se podría –nuevamente con la navaja barbera de Ockham– eliminar la primera legitimación y tratar de defender la legitimación (exclusiva) por parte de los Estados según la cual lo único que decide es la voluntad de todos los Estados particulares. En contra de ello estarían todos aquellos nexos propios del individuo –la instancia decisiva de legitimación– que se hallan diametralmente opuestos a todo carácter estatal: aquí se cuentan la religión, la lengua y la profesión, aficiones exigentes o aquellos intereses político-sociales representados por organizaciones internacionales como Amnistía Internacional, Greenpeace o Médicos sin Fronteras, o bien la situación de diáspora de los irlandeses, los judíos o los kurdos.

Debido a estas mismas filiaciones del individuo opuestas a lo estatal, queda descartada la legitimación exclusiva por parte de Estados, de modo que sólo nos queda la tercera estrategia, la legitimación combinada: la república mundial recibe su legitimación democrática mediante una combinación entre la legitimación ciudadana y la estatal. Según ella, todo poder del Estado mundial emana de un pueblo integrado por dos conjuntos universales: por la comunidad de todos los individuos y por la comunidad de todos los Estados. Y esta doble legitimación habrá de reflejarse luego en la organización de la república mundial. Su órgano supremo, el parlamento, deberá constar de dos cámaras: un Congreso mundial como cámara de los ciudadanos, y un Consejo mundial, como cámara de los Estados. De momento no hay necesidad de pensar mucho más en su composición futura; aunque sí está claro que Liechtenstein no tendrá, sin lugar a dudas, el mismo peso que la India o la China; sobre la importancia concreta de cada miembro se decidirá políticamente. Así y todo, las instancias macrorregionales intermedias podrían dar lugar a una situación distinta.

7. Cosmopolitismo graduado

Hagamos un balance: el Estado mundial que, como consecuencia del imperativo jurídico y político universal está encomendado a la humanidad en sentido jurídico-moral, ha de ser instaurado como una república mundial complementaria, subsidiaria y, además, federal. Dentro de ella seremos ciudadanos del mundo, mas no en sentido exclusivo sino complementario. El concepto exclusivo responde a aquel cosmopolitismo que –en términos de Hegel (*Grundlinien der Philosophie des Rechts*, § 209 nota)– «nos fija a estar frente a la vida política concreta»; y, por lo regular con un sentimiento de superioridad moral, dice él que no es alemán, francés o italiano, sino únicamente ciudadano del mundo. Aquí aparece un Estado mundial ocupando el lugar de los Estados particulares, y el derecho cosmopolita viene a sustituir al derecho civil «nacional»; en ese Estado mundial homogéneo, globalista, se es ciudadano del mundo *en lugar de* ciudadano de un Estado. Pero a la tajante alternativa: «nacional o global», o bien, «particular o cosmopolita», se sustrae la república mundial complementaria. Su derecho civil mundial no sustituye al nacional, sino que lo complementa; aparte de que intercala las unidades intermedias macrorregionales y el derecho civil que les corresponde. En cierto sentido tenemos aquí una variante global de De Gaulle: un mundo de las patrias y de las macrorregiones, aunque con una especial ciudadanía múltiple, hasta ahora desconocida. Las democracias europeas decidirán en los próximos años si se será primariamente alemán, francés o italiano y, luego, ciudadano europeo. En todo caso, primariamente se es una de las dos cosas, ciudadano de un Estado o de Europa; secundariamente, lo otro y, en consecuencia, gradualmente, ambas cosas; por último, terciariamente, se es ciudadano del mundo: ciudadano de la república mundial subsidiaria y federal.

IV

¿Intervención humanitaria?

Reflexiones ético-jurídicas

Al igual que un individuo tiene el derecho a defenderse en caso de ataque, también lo tienen los entes comunes. (Aunque, por supuesto, para la defensa personal o colectiva no están permitidos *todos* los medios.) Lo único controvertido es una cuestión distinta: ¿es lícito recurrir a las armas sin haber sido uno mismo atacado? ¿Es lícito hacerlo, no para defenderse a sí mismo y a los propios derechos, sino a otras personas y a sus derechos? En pocas palabras: ¿es legítima la llamada intervención humanitaria?

También aquí nos ayuda la analogía: quien presta asistencia a alguien que se halla en situación de emergencia, no contraviene a la ley; más bien lo hace quien rehusa la asistencia en caso de necesidad. El abstenerse de prestar ayuda en caso de necesidad no es expresión de una moral superior. O bien se es demasiado débil o, por otros motivos, no se está en condiciones de ayudar; o bien uno «escurre el bulto»: por comodidad, por oportunismo o por miedo. Por el contrario, quien presta ese socorro se distingue por su compasión y por su disponibilidad a tomar en serio el sufrimiento del prójimo, y a obrar en consecuencia. Las condiciones que para ello se han de cumplir son evidentemente rigurosas. El motivo ha de ser justo, e igualmente la «respuesta» a ese motivo; lo mismo vale para el que presta una ayuda de emergencia y, no en último término, para el tipo y la manera de la intervención. Y todas estas cuatro condiciones han de ser cumplidas por igual. No hay motivo, por más ilegítimo que éste sea, que justifique la utilización en su contra de medios ilegítimos.

Indiscutible puede ser el motivo sólo en el caso de una injusticia masiva que, además, debe producirse en dos aspectos sin que haya lugar a dudas. En el sentido de la ayuda de emergencia únicamente se puede intervenir allí donde se ha atentado de modo evidente contra un derecho evidente y, además, de manera disparatada. Partamos ahora del hecho de que en la antigua Yugoslavia están ocurriendo desde hace tiempo, y últimamente en el Kosovo, violaciones tan graves y repetidas de los derechos humanos que ya no se las puede bagatelizar como desliz; supongamos además que esas violaciones de los derechos humanos corresponden sobre todo a una parte: entonces, pero sólo en este punto, se ha cumplido la primera mitad de la primera condición.

Supuesto que sean sobre todo los albano-kosovares las víctimas de las violaciones de los derechos humanos, y que los serbios sean los delincuentes primarios, entonces no hay dificultad respecto a la segunda mitad: los derechos humanos son derechos interculturalmente válidos, un atentado contra ellos es –indiscutiblemente– una injusticia. En ningún lugar del mundo están considerados tales hechos –la expulsión de civiles, la violación de mujeres, la ejecución de personas desarmadas– como de derecho.

La respuesta legítima a una clara injusticia es igualmente clara: nuestra segunda condición para una intervención legítima. Esta condición tiene igualmente dos partes: a la víctima de la injusticia hay que restituirle su derecho, en nuestro caso garantizar a los albano-kosovares una existencia pacífica en sus aldeas y pedir cuentas a los autores culpables. Sin embargo, una de las propiedades principales del Estado moderno, la soberanía, parece estar en contra de ello. Como ya lo muestra el nombre latino de soberanía, la *maiestas*, parecería que cada Estado o jefe de Estado posee una dignidad tan sublime que no admite ningún tipo de intromisión. Pero incluso Jean Bodin, a quien se debe el concepto, somete al soberano a obligatoriedades jurídico-morales, concretamente a los preceptos divinos y al derecho natural, así como también al derecho positivo, a las obligaciones asumidas en los tratados de derecho internacional público. Así pues, la legitimación del poder del Estado está ligada desde siempre a su limitación. La soberanía nunca fue un poder soberano absoluto e ilimitado.

Los nuevos desarrollos en el derecho de gentes no sólo confirman esta situación. La Carta de las Naciones Unidas, por ejemplo, o los dos Pactos de Derechos Humanos de 1966, incluso la refuerzan. Y a la vez se obstruye una recurrida salida de emergencia: las obligatoriedades ético-jurídicas de la temprana Edad Moderna, las reclamaciones del derecho divino y natural, se suelen eludir con la alusión al hecho de que sus contenidos son totalmente controvertidos. Que en el mejor de los casos podrían convencer bajo premisas europeas occidentales. Pero los derechos humanos –así lo muestran los nuevos desarrollos– no se pueden fundamentar desde una perspectiva meramente intercultural.

Todos los Estados que reconocen la Carta de las Naciones Unidas reconocen también los derechos humanos en su validez intercultural. Y corroboran esta autoobligación con la ratificación de los mencionadas Pactos de Derechos Humanos.

Eximidos mediante la autoobligación del «*domaine réservé à la souveraineté*», los derechos humanos hacen que se tambalee la suposición de una interdicción absoluta de intervención. El Acta Final de Helsinki dice expresamente que, para ningún Estado, los derechos humanos son una mera cuestión interna. A más tardar desde esa fecha ha quedado invalidado, al tratarse de violaciones de los derechos humanos, el argumento de que se trata de cuestiones internas; y ello no de manera pasajera sino, como siempre dice la ética jurídica, permanente. Bajo esta condición, las intervenciones no sólo parecen estar permitidas, sino incluso obligadas. Puesto que si fueran facultativas entonces degenerarían en una justicia «*à la carte*», dependiente del azar de los intereses y del poder.

La segunda condición tiene, como hemos dicho, una segunda mitad: los delincuentes tienen que saber que serán llamados a cuentas. A otros pueblos se les ha reprochado, tras haber superado una manifiesta dictadura, el haber simpatizado antes con ella; entonces, ¿no estaría aquí igualmente justificado ese reproche? ¿No sería conveniente advertir claramente al pueblo serbio de las injusticias que se están cometiendo en su nombre, y de las infracciones de que aquí son objeto normas universalmente reconocidas y también y, sobre todo, de la firme voluntad de la comunidad internacional por mantener viva la memoria de esas violaciones, por solidaridad con las víctimas, y de llevar más tarde a un tribunal internacional a los directamente responsables? ¿No habría que echar en cara una responsabilidad compartida a los muchos otros que, en parte con su silencio y no raras veces incluso con su asentimiento, se han hecho indirectamente también culpables?

Manifiestamente las dos primeras condiciones, en sí ya dobles, son muy exigentes, y sin embargo no bastan para la legitimación. Si alguien es vulnerado en su derecho en el interior de un Estado, no le está permitido tomarse la justicia por su mano; toda justicia privada es una injusticia. La víctima de una infracción de la ley se ha de dirigir a los poderes autorizados, públicos que, a su vez, encuentran allí su legitimación, incluso una dignidad: en cuanto servidores del Estado. Sin embargo, a nivel interestatal y supraestatal, faltan los poderes públicos. No existe un ordenamiento jurídico global con poderes competentes a nivel global, ni tampoco un Estado mundial, por más modesto que lo imaginemos –aunque sólo fuera competente de manera subsidiaria. Alguien podría remitir a las Naciones Unidas; sin embargo, desde su fundación padecen éstas de un grave defecto congénito, de una contradicción de índole ético-jurídica: su constitución, la Carta, las obliga a derechos humanos universales y, sin embargo, en el Consejo de Seguridad cimienta privilegios particulares. Privilegios que se elevan hasta nada menos que a una hegemonía colectiva de cinco grandes potencias. Por ello no es extraño que este Consejo de Seguridad, incluso ante graves violaciones de los derechos humanos, reaccione de manera partidista o, al faltar unanimidad, ni siquiera lo haga. Mientras que las Naciones Unidas sigan tolerando esa contradicción, se puede poner en duda su legitimidad (ético-jurídica) y, por añadidura, se ve limitada su capacidad de acción política.

Una intervención humanitaria que no se halle a cargo de un ente común global, es sólo la segunda mejor vía: una solución de emergencia al faltar mejores opciones. Pero sí puede ser pertinente como ley de excepción: en analogía con la legítima defensa nacional puede estar justificada allí donde, en el marco de su legítima defensa, se ayude a alguien con derecho a defenderse. Sin embargo, una aplicación de leyes de excepción, en sí legítima, corre el peligro de parcialidad, por ejemplo, por la política interna del Estado que presta esa ayuda; por el peligro de una combinación con intereses económicos; y, sobre todo, por sentimientos de índole étnica, religiosa o de otro tipo. Por este motivo –los ejemplos son harto conocidos– a unos grupos se les ayuda prematuramente, mientras que a otros se les ignora. Las violaciones de los derechos humanos en la antigua Yugoslavia muestran, sin embargo, que la comunidad internacional ha descuidado desde hace años sus «deberes de casa» más importantes: la instauración de un ordenamiento jurídico mundial con poderes públicos que desde ahí cuiden, imparcial y efectivamente, por el mantenimiento de la ley allí donde fallen los primariamente responsables, los Estados particulares, y especialmente allí donde no sólo violan la ley, sino que la conculcan sistemática y masivamente.

Para ser legítima, una intervención humanitaria, una vez cumplidas todas las otras condiciones, habrá de ajustarse a una cuarta: las medidas han de adoptarse con prudencia y buen sentido de las proporciones y, además, en el momento justo. El que esta acción de socorro haya tardado tanto en producirse, pese a que durante años seguían nuevas violaciones de los derechos humanos a cada negociación, y el que los Estados llamados a prestar este socorro hayan permitido además, por intereses económicos, suministros de petróleo y armas, es un verdadero escándalo. Las medidas se han de adoptar además con los medios correctos y con una estrategia bien sopesada y, además, prometedora de éxito. El hecho de que los encargados de la política exterior de Occidente no se hayan preparado para las dificultades que podían esperar en Yugoslavia tras la muerte de Tito, y la circunstancia de que tras muchos años de frustradas negociaciones intervengan aparentemente sin una estrategia bien ponderada, constituye sin duda un segundo escándalo.

En todo caso, el «buen samaritano» no debe causar daños mayores que los que trata de evitar. Y sobre todo no debe atentar contra la condición mínima ético-jurídica y, en nombre de la restauración de la justicia, cometer él mismo una injusticia. Acciones militares que previsiblemente van a afectar a inocentes –e inocente es toda la población civil– no sólo son políticamente poco inteligentes, sino también ética y jurídicamente improcedentes. Para que una intervención humanitaria esté justificada, sin duda no deberá producirse para servir al ergotismo, sino exclusivamente a la justicia.

[*Neue Zürcher Zeitung*, 8/9 de mayo de 1999]

V

No sólo una cuestión interna

La misión del Kosovo como acto legítimo de asistencia humanitaria de emergencia

Por buenas razones, hace un año, el poder soberano no quiso transferir al gobierno la decisión sobre una participación de Alemania en los ataques aéreos de la OTAN contra la antigua Yugoslavia. Trátese de acciones bélicas o de guerra, la utilización pública de las armas requiere lo que ya Kant exigía en su tratado *La paz perpetua*: la «conformidad de los ciudadanos del Estado». Mas el asentimiento manifestado a través del órgano de representación popular, precisa sin embargo primero de un criterio formal, ético-democrático, de legitimidad. Por este motivo procede hoy oportunamente el parlamento federal a examinar su decisión de entonces ateniéndose a los aspectos sustanciales –particularmente para el caso de que, como se afirma, hubiera sido informado de modo «fragmentario, unilateral y erróneo». En el caso de un examen de la legitimidad, dos cuestiones tienen especial interés: ¿fue la movilización de la OTAN, en general, una intervención humanitariamente justificada? Y, en caso afirmativo, ¿no habría que intervenir también en otras partes, concretamente en Chechenia? La omisión en este último caso ¿no está en contradicción con la condición mínima de la justicia y de la moral, con el principio de la igualdad de trato?

A éstas se añaden otras dos cuestiones que, si no en la práctica, sí son controvertidas en principio: ¿se utilizaron los medios no militares de manera deliberada y consecuente hasta el punto de que hubieran sido superfluas las armas? ¿Se hace lo suficiente por establecer un orden jurídico y una sociedad civil no sólo en el Kosovo sino también en Serbia?

Respecto a la justificación de la intervención humanitaria, los críticos afirman hoy que los crímenes de entonces en absoluto fueron tan monstruosos como para justificar un ataque militar: «Sin duda que se cometieron crímenes contra albano-kosovares, pero no se puede hablar de genocidio». Sobre esta base, los críticos del ataque de la OTAN exigen una nueva evaluación ética y concluyen con el veredicto de que «la intervención fue ilegítima».

Todavía es pronto para una estimación exacta de la situación de entonces. Si nos atenemos a los propios criterios de Yugoslavia podemos sin embargo poner en duda ese veredicto. El artículo 124 del Código penal jugoslavo de 1951, bajo el título *genozidium*, hace mención de: «muertes, graves lesiones físicas o graves daños» cometidos «con la intención de aniquilar plena o parcialmente un grupo nacional, étnico, racial o religioso». Como no hay duda de que aquí se cometieron violaciones, saqueos y muertes contra una minoría étnica, resulta entonces difícil dudar de que aquí no se trate de un delito de genocidio.

Pero detrás de esa nueva evaluación ética es posible que se oculten dudas fundamentales sobre el derecho a una intervención humanitaria. Se teme el retorno de la obsoleta idea de la «guerra justa». Pero no es éste el caso. También la intervención humanitaria parte básicamente de la concepción de que, exceptuado el caso de defensa propia, toda guerra es ilegítima tanto desde una perspectiva ético-jurídica como en el derecho internacional. La intervención humanitaria se concibe a sí misma como una ley de excepción, del tipo y la categoría de una ayuda de emergencia. No comete una injusticia aquel que asiste a otro en su necesidad, sino aquel que se abstiene de hacerlo ante tal emergencia. En la omisión del socorro no se manifiesta una moral superior sino más bien la capacidad deficiente de ayudar, o bien la comodidad y el oportunismo. Quien por el contrario se compromete a socorrer, se distingue por su com-pasión y por su disponibilidad a no reducir a meras «palabras piadosas» esa com-pasión.

La ayuda en caso de emergencia ha de cumplir sin embargo cinco condiciones; y de ellas sólo las cuatro primeras se pueden aplicar al caso de Chechenia. El motivo y la finalidad de la intervención han de ser de derecho, así como sus ejecutores, el modo y manera de su realización y, no en último lugar, también el balance positivo que se puede esperar.

El motivo para una ayuda de emergencia es incuestionable sólo en el caso de injusticia masiva y, a la vez, absolutamente cierta. ¿Hay en este sentido dudas fundadas? ¿Hay realmente dudas de que en el Kosovo se cometieron graves violaciones de los derechos humanos y de que éstas provenían sobre todo de una parte? ¿Hay dudas de que los albano-kosovares fueron las víctimas primarias, y de que los autores primarios fueron los serbios? Si se responde negativamente a esta pregunta, entonces esas violaciones de los derechos humanos fueron una injusticia *interculturalmente* reconocida, como se puede constatar en cualquier Código penal, incluido el yugoslavo. Desde hace casi medio siglo éste registra como delitos penalizables –aparte del citado «genozidium»– por ejemplo: el homicidio (art. 135); la lesión corporal grave (art. 141); el estupro (art. 179); el robo (art. 249); el grave hurto (art. 250); el latrocinio (art. 252); el pillaje (art. 255), etc.

Para que la intervención sea por su parte una respuesta legítima a una clara injusticia, ha de atenerse a un doble criterio: por un lado, ha de restituir su derecho a la víctima de la injusticia, lo cual significa en nuestro caso, garantizar a los albano-kosovares una existencia pacífica en sus aldeas; de éstos se ha de exigir a su vez un comportamiento pacífico frente a los no albanos. Y, por otro lado, se ha de llevar a los tribunales a los delincuentes, tanto de un lado como de otro.

La defensa de intervenciones humanitarias despierta una fuerte oposición entre aquellos que afirman que ella contradice la soberanía de los Estados modernos. Pero esta posición apenas se puede defender hoy en día. Incluso Jean Bodin, a quien se debe el concepto, somete al soberano a obligatoriedades jurídico-morales, como también al derecho positivo, concretamente al derecho internacional público. Y los nuevos desarrollos en el derecho de gentes obstruyen una recurrida salida de emergencia: hasta ahora se podían eludir las obligatoriedades ético-jurídicas de la temprana Edad Moderna, las reclamaciones del derecho divino y natural, con la alusión al hecho de que sus contenidos son totalmente controvertidos. Esa relativización apenas es posible hoy. Sobre todo la Carta de las Naciones Unidas y los dos Pactos de Derechos Humanos de 1966 muestran que los derechos humanos no sólo se pueden fundamentar sino también *reconocer* interculturalmente. Todos los Estados que han ratificado la Carta y los Pactos de Derechos Humanos se han sometido a los derechos humanos en forma de una autoobligación, y los han apartado del *domaine réservée à la souverainité*. Desde entonces, en el caso de los derechos humanos, ha perdido toda su validez el argumento de que se trata de una cuestión interna.

Aunque ya las dos primeras condiciones son muy exigentes no bastan sin embargo para la legitimación de una ley de excepción, la de la intervención humanitaria. Puesto que si alguien es vulnerado en su derecho en el interior de un Estado, a éste no le está permitido tomar la justicia por su mano, sino que se ha de dirigir a los poderes autorizados que, a su vez, encuentran ahí su legitimación, incluso su dignidad: en cuanto servidores del Estado. Sin embargo, a nivel interestatal y supraestatal, faltan los correspondientes poderes con competencias globales. Y la organización mundial de que hasta ahora disponemos, las Naciones Unidas, padece sin embargo desde su fundación de un grave defecto congénito, de una contradicción de índole ético-jurídica: su constitución, la Carta, las obliga a derechos humanos universales y a la igualdad de todos los Estados y, sin embargo, en el Consejo de Seguridad cimienta la hegemonía colectiva de cinco potencias. Por ello no es extraño que este Consejo de Seguridad, incluso ante graves violaciones de los derechos humanos, reaccione de manera partidista o, al faltar la unanimidad, ni siquiera lo haga.

En estas circunstancias, una intervención humanitaria, al no estar sustentada por un ordenamiento jurídico global, constituye una solución de emergencia: una ley de excepción como venimos diciendo. En analogía con la legítima defensa nacional, el alegar esta ley de excepción puede estar justificado allí donde, en el marco de su legítima defensa, se ayude a alguien con derecho a defenderse. Los críticos objetarán sin embargo que una aplicación eventualmente legítima está igualmente amenazada de parcialidad como, por ejemplo: por la política interna del Estado que presta esa ayuda; por el peligro de una combinación con intereses económicos; y, además, por sentimientos de índole étnica y religiosa.

Esta objeción está justificada. Pero no es un argumento suficiente en contra de las intervenciones humanitarias. Las injusticias en la antigua Yugoslavia –al igual que en Chechenia y en otras muchas partes del mundo– muestran sin embargo que la humanidad ha descuidado desde hace años sus «deberes de casa» más importantes: la instauración de un ordenamiento jurídico mundial que cuide, imparcial y efectivamente, de que se respete el derecho allí donde fallen los primariamente responsables, los Estados particulares, y especialmente allí donde no sólo violan la ley, sino la conculcan sistemática y masivamente. Puesto que nadie puede arrogarse el cargo de gendarme del mundo: ni una potencia hegemónica como Estados Unidos, ni tampoco una alianza militar como la OTAN, la «policía» significa sin duda una fuerza coactiva que actúa en nombre de un poder público y de acuerdo a las estrictas prescripciones de un ordenamiento jurídico previo. Y en contra de su intervención, para el caso de que ésta se produzca de manera abusiva, desproporcionada o con medios equivocados, siempre existe la posibilidad de interponer recurso.

No cabe duda de que los tres primeros criterios se pueden aplicar también a Chechenia. Lo mismo ocurre con un cuarto, el relativo al tipo y manera de la intervención: que en nombre de la restauración del derecho jamás se puede cometer una injusticia. Si, pese a todo, Occidente no interviene también en Chechenia, ello se puede justificar a base de un quinto argumento, igualmente irrenunciable: el socorro del «buen samaritano» nunca debe dar lugar a calamidades que superen a las que mitiga: su balance caritativo debe ser inequívocamente positivo.

Sólo a la luz de este argumento –que una intervención en Chechenia podría provocar una gran guerra, tal vez incluso atómica– no sólo es mejor, sino incluso indicado, renunciar a la intervención. Sin embargo, de aquí no se deriva ningún derecho a mirar generosamente hacia otro lado. Que al presidente Putin se condone una parte de la deuda y se le permita aplazar el reintegro del resto, mientras él multiplica fríamente los ataques contra Chechenia, puede dar motivos para dudar. Pero estas dudas no conciernen al carácter humanitario de la intervención en el Kosovo, aunque sí la cuestión sobre si se es fiel a la autoobligación allí contraída, y sobre si, en el caso de una injusticia masiva, se valora realmente más la defensa del derecho que la de los propios intereses.

Y también en otro aspecto los aliados del Kosovo habrán de demostrar sus pretensiones ético-jurídicas: para que la intervención humanitaria mantenga su carácter de excepción habrá que seguir desarrollando las iniciativas aún modestas en dirección a un ordenamiento jurídico global. Eso significaría, por ejemplo, que Estados Unidos, los portavoces de la intervención en el Kosovo, renuncien definitivamente a su oposición al Tribunal Mundial de lo Criminal.

[*Die Zeit* número 15, 6 de abril del 2000]

Bibliografía citada

Abu Zaid, N. H. 1996: *Islam und Politik. Kritik des religiösen Diskurses*, Francfort/M.

Acham, K. 1989: *Vernunftanspruch und Erwartungsdruck. Studien zu einer philosophischen Soziologie*, Stuttgart.

Achenwaldt, G.-J./Püttner, St. 1750: *Anfangsgründe des Naturrechts (Elementa iuris naturae)*, lat.-alem., ed. por J. Schröder, Francfort/M. 1955.

Afshar, F. 1994: «Der Umgang mit Minderheiten im Islam und im Okzident», en: S. Batzli/F. Kissling/R. Zihlmann (comps.), *Menschenbilder, Menschenrechte*, Zurich.

Aischilos 1955: *Tragoediae*, ed. por G. Murray, Oxford[2]; alemán por Emil Staiger: *Die Orestie: Agamemnon, Die Totenspende, Die Eumeniden*, Stuttgart 1994 ([1]1958). Trad. castellana: Esquilo, *Tragedias*, Madrid, Gredos, 1993.

Altvater, E./Mahnkopf, B., [2]1997: *Grenzen der Globalisierung. Ökonomie, Ökologie und Politik in der Weltgesellschaft*, Münster.

An-Na'im, A. A. 1990: *Toward an Islamic Reformation.*

269

Civil Liberties, Human Rights, and International Law, Syracuse University Press.

— 1992: «Toward a cross-cultural approach to defining international standards of human rights: the meaning of cruel, inhuman or degrading treatment or punishment», en: *Human Rights in Cross-Cultural Perspectives. A Quest for Consensus*, University of Pensylvania Press.

Aristoteles: *Metaphysik*, texto griego, ed. por W. Jaeger, Oxford 1963 ([1]1957); trad. castellana: *Metafísica*, Madrid, Gredos, 1998.

— *Nikomachische Ethik*, texto griego, ed. por I. Bywater, Oxford 1962 ([1]1984); trad. castellana: *Ética a Nicómaco*, Madrid, Centro de Estudios Constitucionales, [6]1994.

— *Politik*, trad. alem. y ed. por F. F. Schwarz, Stuttgart 1989; trad castellana: *Política*, Madrid, Gredos, [3]1999.

— *Staat der Athener*, trad. y coment. de M. Chambers, Darmstadt 1990; trad. castellana: *La constitución de los atenienses*, Madrid, Gredos, 1995.

(Pseudo-)Aristoteles: *Problemata Physica*, texto griego, ed. por C. E. Ruelle, Leipzig 1922, trad. alem. de H. Flashar, Darmstadt [4]1991.

Arkoun, M. 1993: «Die Frage nach dem Staat am islamischen Beispiel», en: Schwartländer 1993, págs. 294-315.

Augustinus, *Vom Gottesstaat*, introd. y trad. de W. Thimme, 2 vols., Zurich 1955; trad. castellana: San Agustín, *La ciudad de Dios*, Obras completas vols. XVI y XVII, Madrid, Biblioteca de Autores Cristianos, 1958.

Axelrod, R. 1984: *The Evolution of Cooperation*, Nueva York.

Barber, B. R. 1991: «Democracy» en: D. Miller (comp.), *The Blackwell Encyclopedia of Political Thought*, Oxford, págs. 114-119.

v. Barloewen, C. 1996: «Gibt es ein Weltdorf? Die Globalisierung ist nur die Oberfläche der Wirklichkeit», en: *«Frankfurter Allgemeine Zeitung»* del 8 de marzo, págs.13-14.

Beccaria, C. 1764: *Dei delitti e delle pene*, nueva ed.: Milán 1973; trad. castellana: *De los delitos y las penas*, Madrid, Alianza, 1998.

Beck, U. (Hg.) 1998: *Politik der Globalisierung*, Francfort/M.

— (comp.) 1998a: *Perspektiven der Weltgesellschaft*, Francfort/M.

Becker, Astrid 1996: *Der Tatbestand des Verbrechens gegen die Menschlichkeit. Überlegungen zur Problematik eines völkerrechtlichen Strafrechts*, Berlín.

Beitz, Ch. R., 1979: *Political Theory and International Relations*, Princeton, NY: Princeton University Press.

Berner, A. F. [8]1876: *Lehrbuch des deutschen Strafrechts*, Leipzig.

Bielefeldt, H. 1997: «Menschenrechte – universaler Normkonsens oder ethnozentrischer Kulturimperialismus», en: M. Brocker/H.Heinrich Nau (comps.), *Ethnozentrismus. Möglichkeiten und Grenzen des interkulturellen Dialogs*, Darmstadt, págs. 256-268.

Bleicken, J. [2]1994: *Die athenische Demokratie*, 2ª ed. revisada y ampliada, Paderborn.

Blumenwitz, D. 1997: «Die Strafe im Völkerrecht», en: *«Zeitschrift für Politik»* 44, 324-350.

Bossius, Aegidius (Egidio Bossi) 1562: *Tractatus Varii Criminalis Materiae*, Lyon.

Bujo, B. 1989: «Gibt es eine spezifische afrikanische Ethik? Eine Anfrage an westliches Denken», en: *«Stimmen der Zeit»* 114, 591-606.

Busia, K. A. 1967: «The political heritage», en: id., *Africa in Search of Democracy*, capítulo 2, Londres.

Cerny, Ph. G., 1995: «Globalization and the changing logic of collective action», en: *«International Organization»* 49/4.

Charfi, M. 1993: «Die Menschenrechte im Bezugsfeld von Religion, Recht und Staat in den islamischen Ländern», en Schwartländer 1993, págs. 93-118.

Cicero, M. Tullius 1965: *De officiis libri tres*, Milán, lat. y alem. nueva trad. e intr. de H. Merklin, Francfort/M. 1991; trad. castellana: *Los oficios*, Madrid, Espasa-Calpe, 1980.

Colliot-Thélène, C. 1992: *Le désenchentement de l'Etat. De Hegel à Max Weber*, París.

Cooper, J. S. 1986: *Presargonic Inscriptions*, New Haven/ Conn.

Derrida, J. 1991: *Gesetzeskraft: der «mytische Grund der Autorität»*, trad. por A. G. Düttmann, Francfort/M.; orig. «Force de loi», en: «Deconstruction and the Possibility of Justice», en: «*The Cardozo Law Review*» 11 (1990).

Deutsches Rechtswörterbuch 1939: ed. por la Preuß. Akad. d. Wissenschaften, Art. «Gewohnheit», en: vol. IV/I, Weimar, 814-816.

Diels, H./Kranz, W. (comps.) [6]1951: *Die Fragmente der Vorsokratiker*, Berlín.

Diels, H./Kranz, W.: *Die Fragmente der Vorsokratiker*, 3 vols., Zurich 1996-1998; trad. castellana: *De Tales a Demócrito. Los fragmentos de los presocráticos*, Madrid, Alianza, 1998.

Dihle, A. 1962: *Die Goldene Regel. Eine Einführung in die Geschichte der antiken und frühchristlichen Vulgarethik*, Göttingen.

Dilger, K. 1990: «Die Entwicklung des islamischen Rechts», en: Mumir D. Ahmed et al. (comps.), *Der Islam*, Stuttgart-Berlín-Colonia.

Doyle, M., 1993: «Kant, liberal legacies, and foreign affairs», en: «*Philosophy and Public Affairs*» 12, 205-235 y 323-353.

Encyclopaedia Britanica 1974: Chicago.

Ermacora, F. 1983: *Menschenrechte in der sich wandelnden Zeit*, vol. II: *Theorie und Praxis. Die Verwicklung der Menschenrechte im Nahen Osten*, Viena.

Etzioni, A. 1997: «The end of cross-cultural relativism», en: «*Alternatives*» 22, 177-189.

Farrar, Cynthia 1988: *The Origins of Democratic Thinking. The Invention of Politics in Classical Athens*, Cambridge, Mass.

Feinberg, J. 1984-90: *The Moral Limits of Criminal Law*, 4 vols., Oxford.

Ferri, E. 1881: *I nuovi orizzonti del diritto e della procedura penale*, Bolonia.

Finet, A. (comp.) 1983: *Le Code de Hammurabi*, introduccíón, traduccíon y notas, París.

Fortes, M./Evans-Prichard, E. E. (comps.) 1940: *African Political Systems*, Oxford.

Frazer, J. G. 1922: Der goldene Zweig (The golden bough), nueva ed.: Reinbek 1989; trad. castellana: *La rama dorada*, Madrid, F.C.E., [13]1991.

Freud, S. 1912-1913: *Totem und Tabu*, nueva ed.: Francfort/M. 1991; trad. castellana: «Totem y tabú», en: *Obras completas*, vol. XIII, Buenos Aires, Amorrortu, 1980.

Gaius: *Die Institutionen*, trad. de J. Lammeyer, Paderborn 1929; lat.: *Gai Institutiones*, ed. por M. David, Leiden [2]1964.

Gauchet, M. 1989: *La Révolution des droits de l'homme*, París.

Gauthier, D. 1986: *Moral by Agreement*, Oxford; trad. castellana: *La moral por acuerdo*, Barcelona, Gedisa, 1994.

Gehlen, A. 1956: *Urmensch und Spätkultur. Philosophische Ergebnisse und Aussagen*, Bonn.

Gewirth, A. 1978: *Reason and Morality*, Chicago.

Giaro, T. 1991: «Fremde in der Rechtsgeschichte Roms», en: M. T. Fögen (comp.), *Fremde der Gesellschaft. Historische und sozialwissenschaftliche Untersuchungen. Zur Differenzierung von Normalität und Fremdheit*, Francfort/M., págs. 39-57.

Ginther, K./Benedek, W. (comps.) 1983: *New perspectives and conceptions of international law. An afro-european dialogue* (=Österreichische Zeitschrift für öffentliches Recht und Völkerrecht, Suppl. 6), Viena-Nueva York.

273

Girard, R. 1972: *La violence et le sacré*, París; trad. castellana: *La violencia y lo sagrado*, Barcelona, Anagrama, ³1998.

— 1982: *Le Bouc émissaire*, París.

Greenblatt, St. 1994: *Wunderbare Besitztümer. Die Erfindung des Fremden. Reisende und Entdecker*, Berlín.

Grimm, J./Grimm, W. 1893: Artículo «Rache», en: id.: *Deutsches Wörterbuch*, vol. 8, Leipzig; nueva ed.: Munich 1991, págs. 14-17.

Haberlandt, W. 1977: «Kriminalität und chromosomale Konstitution, Erwiderung zu einer Stellungnahme von St. Quensel», en: *«Monatsschrift für Kriminologie und Strafrechtsreform»* 60, 191-192.

Habermas, J. 1958: «Anthropologie», en: *Fischer Lexikon Philosophie*, Francfort/M.

— 1992: *Faktizität und Geltung. Beiträge zur Diskurstheorie des Rechts und des demokratischen Rechtstaats*, Francfort/M.; trad. castellana: *Facticidad y validez: sobre el derecho y el Estado democrático de derecho*, Madrid, Trotta, 1998.

Hailbronner, K. 1997: «Der Staat und der Einzelne als Völkerrechtssubjekte», en: W. Graf Vitzthum (comp.), *Völkerrecht*, Berlín-Nueva York, págs. 181-266.

Hamilton, A./Jay, J./Madison, J. 1788: *The Federalist Papers*, ed. por I. Kramnick, Londres-Nueva York 1987.

Hansen, M. H. 1989: *Was Athens a Democracy? Popular Rule, Liberty, and Equality in Ancient and Modern Political Thought*, Kopenhagen.

1991: *The Athenian Democracy in the Age of Demosthenes*, Oxford.

Hassemer, W. 1981: *Einführung in die Grundlagen des Strafrechts*, 2ª ed. aumentada: Munich 1990.

— 1990: *Kommentar zum Strafrecht* (Reihe Alternativkommentare), vol. 1: §§ 1-21, Neuwied.

Hegel, G.W.F.: *Grundlinien zur Philosophie des Rechts* (Rechtsphilosophie, 1821), en: *Werke in 20 Bänden*, Francfort/M., 1980, vol. VII; trad. castellana: *Principios de la filosofía del derecho*, Barcelona, Edhasa, 1988.

Herder, J. G. 1989: *Ideen zur Philosophie der Geschichte der Menschheit* (1784), ed. por M. Bollacher, Francfort/M.

Herskovits, M. 1947: «Statement on human rights», en: «*American Anthropologist*» 49, 539-543.

Höffe, O. 1987: *Politische Gerechtigkeit. Grundlegung einer kritischen Philosophie von Recht und Staat*, Francfort/M.

— 1988: *Den Staat braucht selbst ein Volk von Teufeln. Philosophische Versuche zur Rechts- und Staatsethik*, Stuttgart

— 1988a: «Pluralismus und Toleranz. Zur Legitimation der Moderne», en: id. *Den Staat braucht selbst ein Volk von Teufeln*, Stuttgart, págs. 105-124.

— 1988b: «Personale Bedingung eines sinnerfüllten Lebens. Eine ethisch-philosophische Erkundung», en: J. Eisenberg (comp.), *Sucht. Ein Massenphänomen als Alarmsignal*, Düsseldorf, págs. 156-166.

— 1990: *Kategorische Rechtsprinzipien. Ein Kontrapunkt der Moderne*, Francfort/M. capítulo 8: «Das Strafgesetz als kategorischer Imperativ».

— 1992: «Ein transzendentaler Tausch: Zur Anthropologie der Menschenrechte», en: «*Philosophisches Jahrbuch*» 99, págs. 1-28.

— 1993: «Los principios universales del derecho y la relatividad cultural», en: «*Diálogo Científico*» 2, 2, 11-26.

— 1994: «Tauschgerechtigkeit und korrektive Gerechtigkeit: Legitimationsmuster für Staatsaufgaben», en: A. Grimm (comp.), *Staatsaufgaben*, Baden-Baden, 713-737.

— [3]1995: *Moral als Preis der Moderne. Ein Versuch über Wissenschaft, Technik und Umwelt*, Francfort/M.

— (Comp.)1995a: *Aristoteles. Die Nikomachische Ethik* (= Klassiker Auslegen Bd. 2), Berlín

— 1995b: «Ethik als praktische Philosophie – Methodische Überlegungen», en: id. (comp.) 1995a, págs. 13-38.

— 1996: «Über die Macht der Moral», en: «*Merkur*» 50, H. 570/571, 747-760.

— [2]1998. *Vernunft und Recht. Bausteine zu einer interkulturllen Rechtsdiskurs*, Francfort/M.

— 1998a: «Aristoteles' universalistische Tugendethik», en: K. P. Rippe/P. Schaber (comps.), *Tugendethik*, Stuttgart.
— 1998b: «Vom Straf- und Begnadigungsrecht», en: id. (comp.), *Kant. Metaphysische Anfangsgründe der Rechtslehre* (= Klassiker auslegen vol. 17), Berlín, capítulo 11.
— [2]1999: *Aristoteles*, Munich.
— 1999a: *Demokratie im Zeitalter der Globalisierung*, Munich.
— 1999b: *Gibt es ein interkulturelles Strafrecht? Ein philosophischer Versuch*, Francfort/M.
— 2000: *Recht und Frieden, Studien zu Kant*.
Hirst, P.Q./Thompson, G.F., 1998: «Globalisierung? Internationale Wirtschaftsbeziehungen, Nationalökonomien und die Formierung von Handelsblöcken», en: U. Beck (comp.) 1998, págs. 85-133; inglés: «The problem of "globalization": international economic relations, national economic management and the formation of trading blocs», en: *«Economy and Society»*, vol. 21, 4/1992, Routledge, Londres 1992.
Hoffner, H. A. Jr. 1987: Art. «Hitite Religion», en: M. Eliade et al. (comps.), *The Encyclopedia of Religion*, vol. 6, Nueva York/Londres, págs. 408-414; trad. castellana: *Diccionario de las religiones*, Barcelona, Paidós, 1994.
Honsel, Heinrich [4]1997: *Römisches Recht*, Berlín.
Horkheimer, H. 1935: «Bemerkungen zur philosophischen Anthropologie», en: *Gesammelte Schriften*, vol. 3, Francfort/M. 1988, págs. 249-276.
Howard, R. E. 1986: *Human Rights in Commonwealth Africa*, Rowman & Littlefield.
von Humboldt, W. 1995: «Über die Verschiedenheit des menschlichen Sprachbaus und ihren Einfluß auf die geistige Entwicklung des Menschengeschlechts» (= Einleitung zum Kawi-Werk, 1830-35), en: id., *Schriften zur Sprache*, Stuttgart, págs. 30-207; trad. castellana: *Sobre la diversidad de la estructura del lenguaje humano y su influencia sobre el desarrollo espiritual de la humanidad*, Rubí (Bacelona), Anthropos, 1990.

Husserl, E. ²1962: *Die Krisis der europäischen Wissenschaften und die transzendentale Phänomenologie. Eine Einleitung in die phänomenologische Philosophie*, Den Haag; trad. castellana: *La crisis de las ciencias europeas y la fenomenología transcendental*, Barcelona, Crítica, 1991.

Jakobs, G. 1976: *Schuld und Prävention*, Tubinga.

Jellinek, G. 1892/²1905: *System der subjektiven öffentlichen Rechte*, Tubinga.

— ³1914: Allgemeine Staatslehre, Berlín.

Kant, I.: 1793: *Die Religion innerhalb der Grenzen der bloßen Vernunft*, Akademie Textausgabe vol. VI, Berlín 1907, págs. 1-202; trad castellana: *La religión dentro de los límites de la mera razón*, Madrid, Alianza 1995.

— 1795: «Zum ewigen Frieden», Akademie Textausgabe vol. VIII, Berlín 1912, págs. 341-386; trad. castellana: *La paz perpetua*, Madrid, Tecnos, 1989.

— 1797: *Die Metaphysik der Sitten*. Erster Teil: Metaphysische Anfangsgründe der Rechtslehre; segunda parte: Metaphysische Anfangsgründe der Tugendlehre, Akademie Textausgabe vol. VI, Berlín 1907, págs. 203-493; trad. castellana: *La metafísica de las costumbres*, Madrid, Tecnos 1989.

Kaser, M. ¹⁶1989: *Römisches Privatrecht*. Ein Studienbuch, Munich.

— 1993: *Ius gentium*, Colonia-Weimar-Viena.

Keohane, R.O.,1984: *After Hegemony: Cooperation and Discord in the World Political Economy*, Princeton: Princeton University Press.

Kervégan, J.-F. 1995: «Les droits de l'homme», en: D. Kambouchner (comp.), *Notions de philosophie*, vol. II, París, págs. 637-696.

Kettner, M. 1997: «Otfried Höffes transzendental-kontraktualistische Begründung des Menschenrechts», en: W. Kerstin (comp.), *Gerechtigkeit als Tausch? Auseinandersetzungen mit der politischen Philosophie Otfried Höffes*, Francfort/M.

277

Khoury, A. T. 1993: «Das Problem der religiösen Minderheiten im Islam», en: Schwartländer 1993, págs. 380-384.

Kitamura, M. 1992: «Die verborgene Modernisierung Japans. Zum Verhältnis von Staat und Individuum», en: *Bulletin of the Graduate Division of Literature of Waseda University* 38, 1-13.

Klug, U. 1968: «Abschied von Kant und Hegel», en: J. Baumann (comp.), *Programm für ein neues Strafgesetzbuch*, Francfort/M., págs. 36-41.

Lévinas, E. 1974: «Autrement qu'être ou au-delà de l'essence», en: *Phaenomenologica* 54, Den Haag.

Lévi-Strauss, C. 1949: *Les structures élémentaires de la parenté*, París; trad. castellana: *Las estructuras fundamentales del parentesco*, Barcelona, Paidós, 1998.

Link, W., 1998: *Die Neuordnung der Weltpolitik. Grundprobleme globaler Politik an der Schwelle zum 21. Jahrhundert*, Munich.

Locke, J. 1823: «Second Treatise on Government», en: *The works of John Locke in ten volumes*, Bd. 5, Londres (reimpr. Aalen 1963), págs. 338-485; trad. castellana: *Segundo tratado sober el gobierno*, Madrid, Biblioteca Nueva, 1999.

Lombroso, C. 1889: *L'uomo delinquente*, 2 vols., Turín.

Lukács, G. 1922/1967: *Geschichte und Klassenbewußtsein. Studien über marxistische Dialektik*, repro. fotomecánica: Amsterdam; trad. castellana: *Historia y conciencia de clase*, Barcelona, Grijalbo-Mondadori, 1978.

MacIntyre, A., 1984: *Is patriotism a virtue? The Lindley lecture*, Lawrence: University of Kansas, págs. 3-20.

— ²1985: *After Virtue*, Londres.

de Maistre, J. 1814/1979: «Essai sur le principe générateur des constitutions politiques» (1814), en: id., *Oeuvres complètes*, Lyon 1884-1886, vols. 2-13; reimpr. Ginebra 1979, vol. I.

Maôz, Z./Russet, B.M., 1993: «Normative and structural causes of democratic peace, 1946-1986», en: *American Political Science Review* 87, 624-638.

Marquard, O. 1986: *Apologie des Zufälligen. Philosophische Studien*, Stuttgart.

Mauss, M. 1923-24: *Essai sur le don. Forme et raison de l'échange dans les sociétés archaïques*, reimpr. en: *Sociologie et Anthropologie*, París ⁵1993; trad. castellana: *Sociología y antropología*, Madrid, Tecnos, 1979.

Mayer-Maly, Th. 1991: *Römisches Privatrecht*, Viena-Nueva York.

Meier, Ch. 1980: *Die Entstehung des Politischen bei den Griechen*, Francfort/M.

Merkel, R. (comp.) 1999: (título de trabajo), *Kosovo*, Francfort/M.

Michael, A. 1981: *Der Grunsatz «in dubio pro reo» im Strafverfahrensrecht: zugleich ein Beitrag über das Verhältnis von materiellem Recht und Prozeßrecht*, Francfort/M.

Mill, J. Stuart 1859: *On Liberty*, Londres; trad. castellana: *Sobre la libertad*, Madrid, Alianza, 1999.

Mitteis, L. 1908: *Römisches Privatrecht bis auf die Zeit Diokletians*, vol. I, Leipzig (nueva ed. 1994).

Mohr, G. 1997: «Unrecht und Strafe», en: L. Siep (comp.), G. W. E. Hegel, *Grundlinien der Philosophie des Rechts* (= Klassiker Auslegen Bd. 9), Berlín, 95-124.

Mommsen, Th. 1899: *Römisches Strafrecht*, Leipzig; trad. castellana: *Derecho penal romano*, Madrid, La España moderna, 1905, reimpr. Pamplona, Analecta, 1999.

Montagu, Ashley ⁵1974: *Man's most dangerous myth. The fallacy of race*, Londres.

Montenbruck, A. 1985: *In dubio pro reo: aus normtheoretischer, straf- und strafverhaltensrechtlicher Sicht*, Berlín.

Montesquieu de Secondat, Ch. L. 1951: *De l'Esprit des Lois*, en: id., *Oeuvres complètes*, vol. 2, París, págs. 227-995; trad. castellana: *Del espíritu de las leyes*, Madrid, Tecnos, 1999.

Moore, M. S. 1987: «The moral worth of retribution», en: F. Shoeman (comp.), *Responsability, character, and the emotions*, Cambridge, págs. 179-219.

Müller, K. E. 1997: *Geschichte der antiken Ethnologie*, Reinbek.

Murken, J.-D. 1973: *The XYY-syndrome and Klinefelter's syndrome. Investigations into Epidemiology, Clinical Picture, Psychology, Behavior, and Genetics*, Stuttgart.

Mutiso, G.-C. M./Rohio, S. W. (comps.) 1975: *Readings in African Political Thought*, part VII, Londres.

Nietzsche, F. 1887: *Zur Geschichte der Moral*, en: *Sämtliche Werke*. Kritische Studienausgabe, vol. 5, Munich 1980, págs. 234-412.

Ostermeyer, H. *Die bestrafte Gesellschaft*, Munich.

Pauli, H. G. 1994: *Islamisches Familien- und Erbrecht und ordre public*, tesis doct., Munich.

Perraton, J. et al., 1998: *The idea of human rights: four inquiries*, Nueva York y también: Oxford University Press.

Pfetsch, F. R. 1998: «Der Wandel politischer Konflikte», en: *«Spektrum der Wissenschaft»* 3, 76-79.

Piaget, J. 1954: *Das moralische Urteil beim Kinde*, Zurich; trad. castellana: *El criterio moral en el niño*, Barcelona, Martínez Roca, 1984.

Platon: Politeia/Der Staat, en: Werke, griego/alem., ed. por G. Eigler, trad. por F.D.E. Schleiermacher y otros, Darmstadt 1971 ss., vol. IV; trad. castellana: *La república*, versión bilingüe griego/cast., Madrid, Centro de Estudios Constitucionales, [4]1997.

— Protagoras, en: *Werke in acht Bänden*, vers. griega y trad. alem. de Friedrich Schleiermacher, revisada por D. Kurz, Darmstadt 1990, vol. I, 83-317; trad. castellana: *Protágoras*, en el vol. *Protágoras, Gorgias, Carta séptima*, Madrid, Alianza, 1998.

Preiser, W. 1978: *Macht und Norm in der Völkerrechtsgeschichte*, Baden-Baden.

Prem, H. J. 1996: *Die Azteken. Geschichte – Kultur – Religion*, Munich.

Quine, W. v. O. 1969: «Ontological relativity», en: id. *Ontological Relativity and Other Essays*, Nueva York, págs. 26-68; trad. castellana: *La relatividad ontológica y otros ensayos*, Madrid, Tecnos, 1974.

Rawls, J. 1971: *A Theory of Justice*, Oxford; trad. castellana: *Teoría de la justicia*, Madrid, F.C.E., 1979.

Renaut, A./Sosoe, L. 1991: *Philosophie du droit*.

Rippe, K. P. 1993: *Ethischer Relativismus. Seine Grenzen, seine Geltung*, Paderborn

Rittberger, V. (comp.) 1993: *Regime Theory and International Relations*, Oxford: Clarendon Press.

Röllig, W. 1995: «Drachen des Gebiges». Fremde als Bedrohung in Mesopotamien», en: H. v. Stietencron/J. Rüpke (comps.), *Töten im Krieg*, Friburgo-Munich.

Roetz, H. 1995: *Konfuzius*, Munich.

Rorty, R. 1989: *Contingency, Irony, Solidarity*, Cambridge; trad. castellana: *Contingencia, ironía y solidaridad*, Barcelona, Paidós, 1996.

— 1993: «Human rights, rationality, and sentimentality», en: S. Shute/S.Hurley (comps.), *On Human Rights*, Nueva York, págs. 111-134.

Rouland, N. 1988: *Anthropologie juridique*, París.

Rousseau, J.-J. 1762: *Du Contrat Social, ou Principes du Droit Politique*, Amsterdam; trad. castellana: *Contrato social*, Madrid, Espasa-Calpe, [9]1997.

Rüthers, B. 1994: *Entartetes Recht. Rechtslehren und Kronjuristen im Dritten Reich*, Munich.

Sallust: *Bellum Iugurtinum/Der Krieg mit Jugurtha*, lat./alem., trad. por K. Büchner, Stuttgart 1986; trad. castellana: Salustio, *Guerra de Jugurta*, ed. bilingüe, Madrid, Gredos, 1990.

Sartre, J. P. 1988: «»Die Verdammten dieser Erde» von Franz Fanon», en: id., *Wir sind alle Mörder. Der Kolonialismus ist ein System*, Reinbek, págs. 141-160.

Schild, W. 1980: *Die Geschichte der Gerichtsbarkeit. Vom Gottesurteil zum Beginn der modernen Rechtsprechung*, Munich (reimpr.: Hamburgo 1997).

Schott, A./Soden, W.v. (comps. y trad.) [6]1988: *Das Gilgamesh-Epos*, trad. y notas, Stuttgart; trad. castellana: *El poema de Gilgamesh*, Madrid, Tecnos, [2]1997.

Schuster, M. 1996: *Die Begegnung mit dem Fremden. Wer-*

tungen und Wirkungen in Hochkulturen vom Altertum bis zur Gegenwart, Stuttgart-Leipzig.

Schwartländer, J. (comp.) 1993: *Freiheit der Religion. Christentum und Islam unter dem Anspruch der Menschenrechte*, Maguncia.

Seiler, E. E./Capelle, C. [8]1878: *Vollständiges Griechisch-Deutsches Wörterbuch über die Gedichte des Homeros und der Homeriden*, Leipzig.

Sellin, Th. 1938: *Culture, Coflict, and Crime. A Report of the Subcommittee on Delinquency of the Committee on Personality and Crime*, Nueva York, Social Science Research Council.

Singer, D./Small, M. 1972: *The Wages of War 1816-1965: a Statistical Handbook*, Nueva York: Wiley.

Sophokles 1962: *Fabulae*, ed. por A. C. Pearson, Oxford; alem. de H. Weinstock: *Die Tragödien*, Stuttgart; trad. castellana: Sófocles, *Tragedias y fragmentos*, Madrid, Ediciones Clásicas, 1999.

Spaemann, R. 1989: *Glück und Wohlwollen. Versuch über Ethik*, Stuttgart; trad. castellana: *Felicidad y benevolencia*, Madrid, Rialp, 1991.

Strehrath-Bolz, Ulrike (comp. y trad.) 1997: *Isländische Vorzeitsagas*, vol. I, Munich; trad. castellana: *Sagas islandesas*, Madrid, Espasa-Calpe, 1984.

Strindberg, A., 1903/1916: *Der bewußte Wille in der Weltgeschichte*, Munich y o. v.

Tacitus, Cornelius P. 1982: *Annalen*, lat. y alem. ed. por E. Heller, Darmstadt; trad. castellana: Tacito, *Anales*, Madrid, Gredos, 1991.

Tellenbach, Silvia 1998: «Islamisches Strafrecht in der modernen Welt. Anmerkungen zu einem Prozeß in Saudi-Arabien», en: *«Frankfurter Allgemeine Zeitung»* del 23 de marzo (número 69), pág. 10.

Thomasius, Ch. [4]1718: *Fundamenta Juris Naturae et Gentium*, Halle (1ª ed.: 1705); trad. castellana: *Fundamentos de derecho natural y de gentes*, Madrid, Tecnos, 1994.

Thukydides 1942: *Historiae*, ed. por H. S. Jones, Oxford; *Geschichte des Peloponesischen Krieges*, trad. por G. P. Landmann, Munich 1991; trad. castellana: *Historia de la guerra del Peloponeso*, Madrid, Gredos, 1992.

Tibi, B. 1994: *Im Schatten Allahs: Der Islam und die Menschenrechte*, Munich-Zurich.

— 1996: «Multikultureller Werte-Relativismus und Werte-Verlust. Demokratie zwischen Beliebigkeit und pluralistischem Werte-Konsens», en: *«Aus Politik und Zeitgeschichte»* B. 52-53/96, 20 de diciembre de 1996, págs. 27-36.

Tiedemann, K. 1996: «Das neue Strafgesetzbuch Spaniens und die europäische Kodifikationsidee», en: *«Juristenzeitung»*, año 51, 5 de julio de 1996, págs. 647-649.

— 1997: «Die Europäisierung des Strafrechts», en: K. F. Kreuzer et al. (comps.), *Die Europäisierung des Strafrechts der mitgliedstaatlichen Rechtsordnungen in der Europäischen Union*, Baden-Baden, págs. 133-160.

Tocqueville, A. de 1835/1840: *De la démocratie en Amérique*, alem.: *Über die Demokratie in Amerika*, trad. por H. Zbinden, en: *Werke und Briefe*, ed. por J. P. Mayer et al., vol. 2, Stuttgart 1962; trad. castellana: *La democracia en América*, Madrid, Aguilar, 1989.

Tomuschat, Ch. 1994: «Sanktionen durch internationale Strafgerichtshöfe», en: Deutscher Juristentag (comp.), *Rechtliche Aspekte internationaler Friedenssicherung* (Verhandlungen des sechzigsten deutschen Juristentages Münster 1994, vol. II/I), Munich, págs. 53-68.

De Victoria, Franciscus (Francisco de Vitoria) 1952: *De indis recenter inventis et de iure belli Hispanorum in barbaros relectiones* (1539), lat., trad. alem. y ed. por W. Schätzel, Tubinga; trad. castellana: *Relecciones de los indios y el Derecho de guerra*, Madrid, Espasa-Calpe.

Vitzthum, W. Graf von (comp.) 1997: *Völkerrecht*, Berlín-Nueva York.

Vries. G. de 1997: «Straflosigkeit für Kriegsverbrecher ist eine Gefahr für den Frieden. Plädoyer für einen Ständigen

Internacionalen Strafgerichtshof», en: *«Neue Zürcher Zeitung»* del 10 de diciembre 1997, pag. 5.

Waldenfels, B. 1990: *Der Stachel des Fremden*, Francfort/M.

Walzer, M., 1990: «Nation and universe», en: *«The Tanner Lectures on human values»* XI, Salt Lake City, págs. 507-556.

Wiesenhöfer, J. ²1998: *Das antike Persien. Von 550 v. Chr. bis 650 n. Chr.*, Düsseldorf-Zurich.

Williams, B. 1994: *Shame and Necessity*, Berkeley-Los Angeles-Londres.

Willke, H. 1983: *Entzauberung des Staates.Überlegungen zu einer sozietalen Steuerungstheorie*, Königstein/Ts.

Winckler, H. (comp. y trad.) 1903: *Die Gesetze Hammurabis, Königs von Babylon*, Leipzig.

Wiredu, K. 1996: *Cultural Universals and Particulars. An African Perspective*, Bloomington-Indianapolis.

Ziegler, K.-H. 1994: *Völkerrechtsgeschichte. Ein Studienbuch*, Munich.

Zielcke, A. 1996: «Fremde Betten. Über die Schwierigkeit des multikulturellen Zusammenlebens», en: *«Frankfurter Allgemeine Zeitung»* del 17 de mayo 1996.

Otros títulos de Editorial Gedisa sobre

FILOSOFÍA DEL DERECHO
Y TEORÍA POLÍTICA

Serie CLA·DE·MA